Fernando Pessoa (1888-1935), em 1915, um ano depois de ter criado o heterônimo Alberto Caeiro.

A cômoda sobre a qual Pessoa escreveu, de pé, no dia 8 de março de 1914, "trinta e tantos poemas" de *O Guardador de Rebanhos*.

O Guardador de Signos

Coleção Debates
Dirigida por J. Guinsburg

Equipe de Realização – Revisão: Plinio Martins Filho; Produção: Ricardo W. Neves e Adriana Garcia.

rinaldo gama
O GUARDADOR DE SIGNOS
caeiro em pessoa

INSTITUTO MOREIRA SALLES
CASA DA CULTURA DE POÇOS DE CALDAS

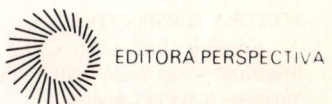

EDITORA PERSPECTIVA

Copyright © by Perspectiva 1995

Dados Internacionais de Catalogação na Publicação (CIP)
(Câmara Brasileira do Livro, SP, Brasil)

Gama, Rinaldo, 1959-
   O guardador de signos : Caeiro em pessoa / Rinaldo
Gama. – São Paulo : Perspectiva : Instituto Moreira
Salles, 1995. – (Debates)

Bibliografia.
ISBN 85-273-0071-0 (Perspectiva)

   1. Pessoa, Fernando, 1888-1935 – Crítica e interpretação   2. Poesia portuguesa – História e crítica
I. Título. II. Série.

95-2109   CDD-869.109

Índices para catálogo sistemático:
1. Poesia : Literatura portuguesa : História e
   crítica   869.109

Esta edição conta com o apoio da Lei
8313/91 PRONAC/MECENATO/MINC.

Direitos reservados à
EDITORA PERSPECTIVA S.A.
Av. Brigadeiro Luís Antônio, 3025
01401-000 – São Paulo – SP – Brasil
Telefone: (011) 885-8388
Fax: (011) 885-6878
1995

Alberto Caeiro (1889-1915), segundo José Almada Negreiros.

SUMÁRIO

1. PLANO DE VÔO, VÔOS OU UMA INTRODUÇÃO DE VÔO PRÓPRIO 15

   O Plural e o Singular 21
   E Para que Poetas em Tempos de Sensação? . . 27
   A Revolta do Moderno 36

2. UMA POÉTICA DAS SENSAÇÕES HÁ MUITO EXPERIMENTADAS 45

   As Sensações Verdadeiras 51
   Paganismo versus *Cristismo* 57
   Da Sensação à Sensação 68

3. DO EGO AO *ÉRGON* 77

   Uma Obra no Divã 83
   Uma Obra na Oficina 90
   A Parte pela Parte 101

4. DA UTOPIA DA REALIDADE À REALIDADE DA UTOPIA OU EM BUSCA DA MORTE PERDIDA OU UMA CONCLUSÃO . . . 107

   Além da Linguagem 113
   Alguém da Linguagem 118
   As Boas-Noites 123

BIBLIOGRAFIA 129

Fontes 129
Obras de Fernando Pessoa 130
Textos sobre Fernando Pessoa 130
Outros 132

AGRADECIMENTOS

Com algumas modificações, o texto deste volume é o mesmo que apresentei em agosto de 1992 ao Departamento de Pós-Graduação em Comunicação e Semiótica da Pontifícia Universidade Católica de São Paulo como exigência parcial para a obtenção do título de Mestre. Resultado, portanto, de um percurso acadêmico agora transformado em livro, *O Guardador de Signos* deve sua concretização, seja no plano universitário, seja no editorial, a um grupo de pessoas a quem eu gostaria de agradecer publicamente.

Começo por Décio Pignatari. Foi ele que, em meados de 1982, na condição de coordenador daquele departamento da PUC paulista, aceitou-me no programa, a partir de uma proposta de dissertação que, àquela altura, ainda não se voltava para Fernando Pessoa, embora já se concentrasse na poesia. Durante o mestrado, fui aluno de Pignatari em duas disciplinas. Selou-se, então, um ótimo relacionamento intelectual entre nós. Por conta disso, era natural que ele assinasse o texto de apresentação deste livro, que vai impresso na contracapa.

O mestrado também me deu oportunidade de ser aluno de Haroldo de Campos, de quem sempre recebi incentivo acadêmico. O mesmo posso dizer de Maria Lúcia Santaella Braga, atual coordenadora do programa, e de Fernando Segolin, um especialista em Fernando Pessoa que acabaria se tornando meu orientador. Na reta final da elaboração de *O Guardador de Signos*, contei ainda na PUC-SP com a atenção dos professores Arthur Nestrovski e Philadelpho Menezes. Nestrovski, doutor em Ciências e Literatura pela Universidade de Iowa (EUA), faria também parte da banca que me argüiu, em novembro de 1992, ao lado de meu orientador e do professor Wilcon Pereira, livre-docente em Filosofia pela Universidade Estadual Paulista-Unesp.

A conclusão desta dissertação foi facilitada pela colaboração que tive da revista VEJA, onde, desde dezembro de 1988, coordeno a seção "Livros". Mario Sergio Conti, diretor de Redação, Eurípedes Alcântara, editor executivo à época e atual correspondente em Nova York, e Júlio César de Barros, secretário, sempre estiveram atentos às minhas necessidades para realizar este ensaio – de computadores a licenças de trabalho. Na fase de qualificação contei com a colaboração dos amigos Celso de Alencar e Marcelo Mendonça. A todos eles, minha sincera gratidão.

O Guardador de Signos: A Questão do Real em Alberto Caeiro, como se chamava originalmente minha dissertação, só se transformou em livro graças à associação entre a Editora Perspectiva e o Instituto Moreira Salles. Na Perspectiva, meus agradecimentos vão especialmente para o editor Jacó Guinsburg. No IMS, tudo se encaminhou por força da sensibilidade de seu diretor superintendente, Antonio Fernando de Franceschi, com quem terei sempre uma dívida de gratidão. Neste ponto, quero registrar também meus agradecimentos a Geraldo Mayrink, companheiro de redação em VEJA. Colaborador de Franceschi em outros trabalhos, foi Mayrink que apresentou o texto de *O Guardador de Signos* ao diretor do IMS com vistas a uma possível co-edição com a Perspectiva.

Uma empreitada desta natureza sempre penaliza familiares. Por alguns anos, impus à minha mulher, Laura, e ao meu filho, Gabriel, uma reiterada falta de atenção. Seria injusto não agradecer-lhes aqui a paciência, desculpando-me por todas as horas que me mantive afastado trabalhando neste ensaio. Aos dez anos de idade, Gabriel ainda não pode entender a exata dimensão destas palavras. Mas um dia entenderá. Registre-se ainda que para chegar até aqui contei sempre com o apoio decisivo de meus pais, Lina e Paulino.

Preciso dizer que nada disso seria possível sem a extraordinária criação de Fernando Pessoa?

R.G.
São Paulo, abril de 1995

1. PLANO DE VÔO, VÔOS OU UMA INTRODUÇÃO DE VÔO PRÓPRIO

onde tudo se apresenta o objeto e o estudo

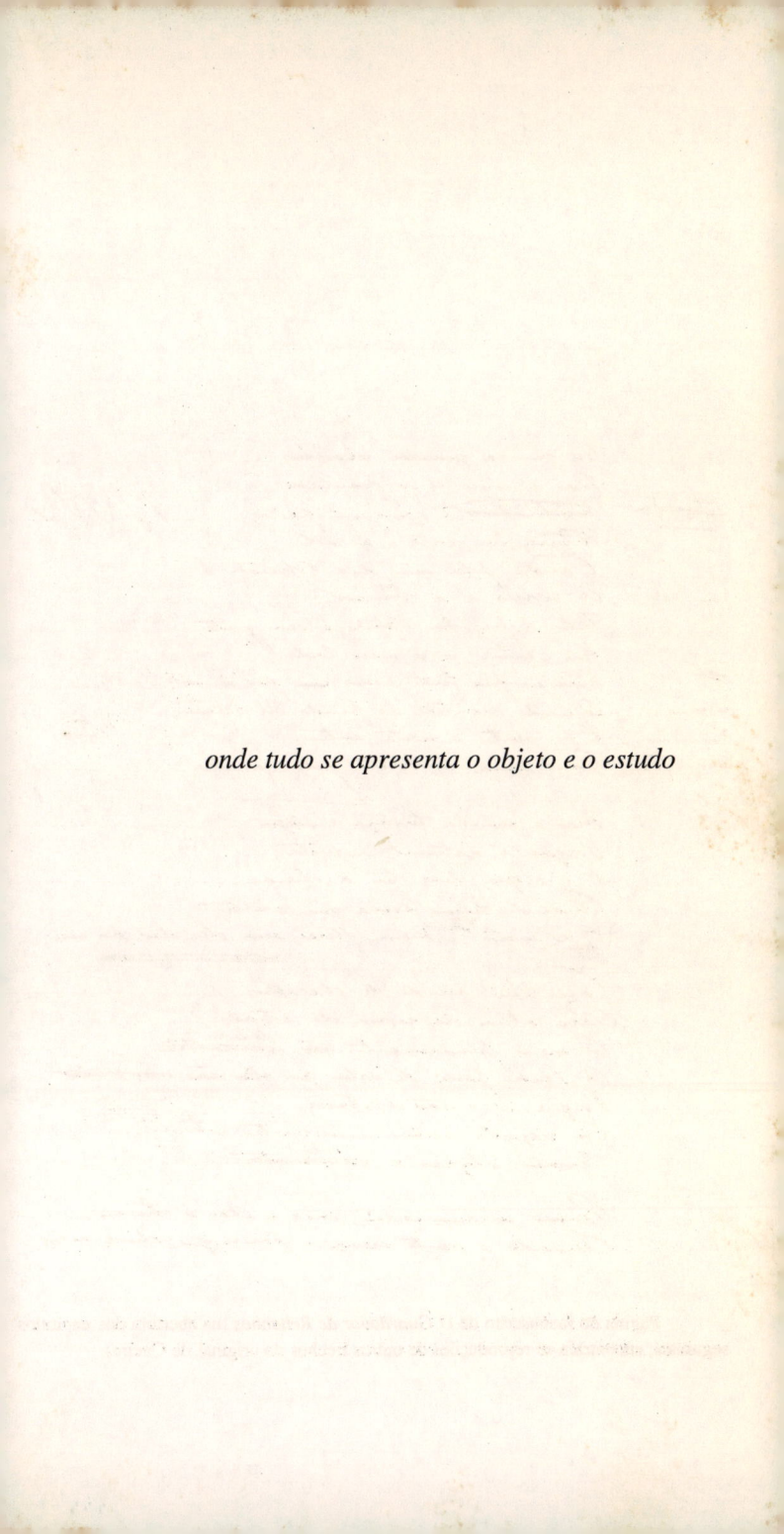

1889-1915

Como um pôr de sol para a um amigo?

Como um pôr de sol é para nós

Triste como um pôr de sol para quem o vê bem.

I

Eu nunca guardei rebanhos,
Mas é como se os guardasse...
~~Minha alma~~ é como um pastor,
Pertence ao vento e ao sol
E anda pela mão das Estações
A correr e a ~~brincar~~ *olhar*. [acompanhando o olhar]
Toda a paz da Natureza sem gente
Vem sentar-se a meu lado...
~~Mas eu fico triste como um pôr de sol para a~~
Quando acontece às tardes dos oceaos, *plácidos*
E se sente a noite entrar que a noite já entrou.
Como uma borboleta pela janella.

✓ Mas a minha tristeza é *sosego*
✓ Porque é natural e justa
✓ E é o que deve ter a alma
  Quando ~~já~~ pensa que existe
  E as mãos colhem flores sem ella dar por isso...

Como um ruído de chocalhos
Para além da curva da estrada,
Os meus pensamentos são ~~innocentes~~. *contentes*
Só tenho pena de saber que elles são ~~innocentes~~, *contentes*
Porque, se o não soubesse,
Em vez de serem ~~innocentes~~ *contentes* e tristes,
Seriam alegres e ~~contentes~~...

Pensar incommoda como andar á chuva
Quando o vento cresce e parece que chove mais.

Página do manuscrito de *O Guardador de Rebanhos* (na abertura dos capítulos seguintes, encontram-se reproduções de outros trechos do original de Caeiro).

Caeiro não crê em nada: existe
OCTAVIO PAZ

Eu nunca guardei rebanhos,
Mas é como se os guardasse
ALBERTO CAEIRO

O Plural e o Singular[1]

> Falemos de poesia, começando, co-
> mo é natural, pelas coisas primeiras.
>
> ARISTÓTELES

É claro que o estudioso contemporâneo de literatura, em especial o que se dedica à obra de Fernan-

---

1. No presente ensaio, todas as citações de textos assinados por Alberto Caeiro ou qualquer outro heterônimo, bem como aqueles de natureza ortônima, foram colhidas de um dos seguintes volumes: *Obra Poética*, de Fernando Pessoa (Rio de Janeiro, Nova Aguilar, 7. ed., 1977), aqui abreviado pela sigla *OP*; *Obras em Prosa*, de Fernando Pessoa (Rio

do Pessoa, já não desfruta, como Aristóteles, do privilégio de poder começar sua empreitada exegética "pelas coisas primeiras". Conforme observou Fernando Segolin[2], sobre Pessoa recai uma "vastíssima bibliografia crítica [...], fruto do fascínio inconteste que o poeta exerceu e continua a exercer em todos aqueles que se interessam pelo problema da poesia", bibliografia esta que "não cessa de se multiplicar e enriquecer graças à publicação constante de novos estudos, nem sempre novos". Assim, qualquer trabalho de crítica literária, notadamente a respeito de Pessoa, que prometa fazer hoje por seu objeto de estudo aquilo que o autor de Poética fez pela literatura, estará sendo particularmente ingênuo ou desonesto. Há

de Janeiro, Nova Aguilar, 4ª reimpressão, 1986), para o qual adotamos a sigla *OPRO*; ou *A Poesia de Alberto Caeiro*, estudo de Manuel Gusmão (Lisboa, Editorial Comunicação, 1986), o qual inclui uma "nova versão" de *O Guardador de Rebanhos*, que é, como explica o autor, a anunciada em dois artigos de Ivo Castro: "O *corpus* de *O Guardador de Rebanhos* depositado na Biblioteca Nacional" (*Revista da Biblioteca*, Lisboa, 1982, pp. 47-61) e "Para a edição de *O Guardador de Rebanhos*" (*Afecto às Letras*, Lisboa, Imprensa Nacional-Casa da Moeda, 1984, pp. 253-258). Às abreviaturas *OP* e *OPRO*, segue-se sempre o número da respectiva página de onde se extraiu o fragmento em questão. No caso específico de *O Guardador de Rebanhos*, adotou-se o seguinte critério: antes do registro da página da *OP*, vem em romanos, como no original, o número do poema citado. Quando o verso em questão possui outra versão, segundo o livro de Manuel Gusmão, esta virá imediatamente após a ele, entre chaves, seguida do número da página de *A Poesia de Alberto Caeiro*. Registre-se, porém, que aquela "nova versão" possui uma edição fac-similada, com apresentação e texto crítico de Ivo Castro: *O Manuscrito de O Guardador de Rebanhos de Alberto Caeiro* (Lisboa, Publicações Dom Quixote, 1986).

2. Em *As Linguagens Heteronímicas Pessoanas: Poesia. Transgressão. Utopia*, tese apresentada em 1982 à Pontifícia Universidade Católica de São Paulo como exigência parcial para a obtenção do título de doutor em Comunicação e Semiótica, pp. 1, 5. Todas as referências a este trabalho no presente estudo foram retiradas da cópia do texto arquivada no Departamento de Pós-Graduação em Comunicação e Semiótica da PUC-SP. A tese de Segolin seria publicada pela Educ (Editora da PUC-SP) ainda em 1992, contudo após a conclusão de nossa dissertação, com o título de *Fernando Pessoa: Poesia, Transgressão, Utopia*.

conquistas exegéticas sobre o poeta português, como o presente estudo terá oportunidade de demonstrar, que poderiam ser classificadas de definitivas. Segundo Segolin,

vista do ângulo de uma postura crítico-interpretativa, empenhada apenas em identificar e comentar significados, a poesia de Pessoa, na verdade, nada de novo tem a oferecer. A crítica, neste caso, já vasculhou, a rigor, todas as latitudes e longitudes de seu universo significativo imediato. Do mesmo modo, já está *definitivamente* feita a dissecação lingüístico-estilística da linguagem pessoana, nada havendo a acrescentar, quer quanto à diversidade, quer quanto à unidade dos procedimentos nela identificados[3].

Diante deste quadro, chega a parecer, como nota Segolin, que melhor seja mesmo silenciar "para deixar ressoar a própria voz do poeta"[4].

Esta vasta exploração exegética, no entanto, diz respeito ao poeta heteronímico, ou seja, se refere sobretudo à crítica do fenômeno da heteronímia como constituinte de um amplo projeto literário desenvolvido por um certo Fernando Pessoa. Neste tipo de enfoque, o estudo da obra dos heterônimos surge num contexto de dependência direta entre eles. Tanto os primeiros críticos da obra de Pessoa, que se debruçaram sobre a incômoda pluralidade do seu "eu" – a qual seria, segundo eles, responsável pelo que chamaríamos de "estética do fingimento"[5] –, quanto os mais recen-

3. *Ibidem*, p. 2. O grifo é nosso.
4. *Ibidem*, p. 1.
5. Não há, como se poderia supor, nenhuma conotação pejorativa nesta expressão. Para Pessoa, o artista não deveria se preocupar com a verdade. "A verdade pertence à ciência, a moral à vida prática. A faculdade do espírito que trabalha na ciência é a Inteligência. A faculdade que trabalha na vida é a Vontade. A faculdade de que depende a Arte é a Emoção. Não tem de comum com as outras nada, a não ser o ser humano como elas", escreveu ele possivelmente em 1906 (*OPRO*, 264). Na pele de Álvaro de Campos, ao tratar do problema da sinceridade, ele sustenta que "o poeta superior diz o que efetivamente sente. O poeta médio diz o que decide sentir. O poeta inferior diz o que julga que deve sentir [...] A maioria da gente sen-

tes, que vêem no "texto pessoano enquanto fato concreto" a pista para "definir o caráter transgressor ou confirmador de sua poesia com relação às linhas de força da tradição poética"[6], tanto uns, quanto outros, dizíamos, trataram de suas respectivas questões, na grande maioria dos casos, sob a óptica do projeto heteronímico.

Naturalmente, como observa José Augusto Seabra, os heterônimos não se referem apenas

a uma diversidade onomástica, condição fundamental para que Pessoa se diferencie de outros poetas que recorreram ao mesmo expediente de identificação literária: ele próprio aliás reconhece numa nota acerca da obra heteronímica que esta constitui não um processo novo em literatura, mas uma maneira nova de empregar um processo já antigo. O que dá dimensão à obra de Pessoa é não somente a diversidade de assinaturas em que se manifesta, mas rigorosamente, dos sujeitos poéticos na pluralidade da própria poesia[7].

Noutras palavras, o fenômeno da heteronímia não esconde a poesia do próprio Fernando Pessoa sob identidades diversas – como de resto os nomes de Constantin Constantio, Johannes de Silentio ou Victor Eremita Victor o faziam em relação ao pensamento de Kierke-

---

te convencionalmente, embora com a maior sinceridade humana; o que não sente é com qualquer espécie ou grau de sinceridade intelectual, e é essa que importa ao poeta" (*OPRO*, 269).

6. Fernando Segolin, *op. cit.*, pp. 3-4. "É a função e o sentido da pluralidade e do dramatismo textuais em Pessoa que vamos procurar determinar", escreve Segolin. "Tal dramatismo e tal pluralidade [...] servirão de ponto de partida e de apoio para a releitura crítica que pretendemos desenvolver de sua poesia com a finalidade de explicitar três aspectos que nos parecem básicos para a compreensão da especificidade e originalidade de seu trabalho criador: a Transgressão Poética, a Procura do Eu no Discurso-Outro e a Utopia. Nosso objetivo [...] é tomá-los como pontos de apoio [...] para tentar pôr a nu o movimento lúdico e freqüentemente opositivo que, a nosso ver, sustentaria o diálogo textual heteronímico", admite.

7. *Fernando Pessoa ou o Poetodrama*, São Paulo, Perspectiva, 1982, p. 3 [Estudos 24].

gaard, para tirar um exemplo da filosofia[8]. No plano literário, um exemplar de autor que se escondia sob o nome de escritores que nunca existiram é António Machado. Ele inventou os "poetas apócrifos" Abel Martins e Juan de Mairena que, no entanto, conforme observa Octavio Paz[9], não tinham autonomia em relação à obra de seu criador – o que, para Pessoa, tirava do personagem a condição de heterônimo; seria ele, no máximo, um pseudônimo. Não era por outra razão que o poeta relutava em incluir Bernardo Soares num possível volume intitulado *Ficções do Interlúdio*. "Bernardo Soares, distinguindo-se de mim por suas idéias, seus sentimentos, seus modos de ver e de compreender, não se distingue de mim pelo estilo de expor [...] Em prosa é mais difícil de se outrar", escreveu, certa vez, Fernando Pessoa (*OPRO*, 86).

Claro está, porém, que no caso de Caeiro, Reis, Campos e da obra ortônima, o que se vê é uma pluralidade de vozes poéticas, uma orquestra literária. Ora, como até aqui a crítica se debruçou sobre o estudo desta obra tomada em sua dimensão dialógica, consideramos adequado ampliar o que a exegese pessoana tem tratado de uma forma suficiente apenas quando se pensa numa análise de Pessoa como um todo – ou seja, explorar "isoladamente", até onde isto é possível, um dos integrantes daquele conjunto poético. Não se trata

---

8. Com este expediente, o filósofo dinamarquês buscava reduzir pressões sobre si mesmo em decorrência das polêmicas que travou contra a Igreja Luterana de seu país. Para ele, esta instituição era demasiadamente omissa do ponto de vista social, o que, na sua opinião, não correspondia aos pressupostos da fé cristã. Kierkegaard chegou mesmo a ir contra a própria hierarquia da Igreja, afirmando que ela nada tinha a ver com o cristianismo. Note-se, porém, que, como observou Otto Maria Carpeaux, no oitavo volume do seu *História da Literatura Ocidental* (Rio de Janeiro, Alhambra, 1984, p. 2030), "Pessoa estava longe da fé absoluta e do romantismo hoffmanniano do pensador dinamarquês".

9. "El Desconocido de Sí Mismo", *Los Signos em Rotación y Otros Ensaios*, Madrid, Alianza Tres, 1986 [Trad. bras. Debates 48].

de ignorar a corrente de base psicológica da crítica heteronímica, nem tampouco aquela que enfatiza o diálogo textual entre os heterônimos. Mas, a despeito destas posturas, nosso ensaio irá se deter especificamente – até onde isto é pertinente, insistimos – na produção poética de Alberto Caeiro, que, como se sabe, era considerado pelos outros heterônimos, e pelo próprio poeta "ortônimo", como o mestre de todos eles. "Desculpe-me o absurdo da frase: aparecera em mim o meu mestre" (*OPRO*, 96), escreveu Pessoa numa carta a Adolfo Casais Monteiro, datada de 1935.

Além de Pessoa, também Álvaro de Campos, em diversos textos sobre o autor de *O Guardador de Rebanhos*, se referiu a ele da mesma maneira. Ricardo Reis, encarregado pelos parentes do poeta de organizar sua obra completa, não hesita em curvar-se também diante da poesia caeiriana: "Amo a obra de Caeiro", escreveu num texto datado de um incerto 1917 (*OPRO*, 113). Júlia Cuervo Hewitt, em "Metafísica da Negação: A Negação da Metafísica na Poesia de Alberto Caeiro"[10], ao discorrer sobre as razões que fariam de Caeiro o mestre de Pessoa-ele mesmo e de Reis e Campos, argumenta com

três idéias principais, duma perspectiva pós-modernista: *1*) Caeiro exprime, sem exprimir, uma filosofia que evoca, hoje, alguma semelhança com as idéias de Michel Foucault quanto ao questionamento do absoluto, da abstração e das classificações enciclopédicas de todo conhecimento. Caeiro e Foucault descobrem que por trás do nome não há verdade absoluta, que o nome, duma maneira saussuriana, confirma o processo imaginativo de ficcionalização: o jogo dos labirintos borgianos. *2*) O texto, sendo uma seqüência de palavras, sempre arbitrárias, perde a sua referência no mundo real; Caeiro descobre que não há Natureza no mundo real, enquan-

---

10. *Actas do IV Congresso Internacional de Estudos Pessoanos – Secção Brasileira*, vol. I, Porto, Fundação Eng. António de Almeida/Fundação Calouste Gulbenkian, 1989, pp. 464-465.

to que nós, os leitores, sabemos que nesse mundo real que Caeiro tanto ama, não há um Caeiro. *3)* Caeiro apresenta-se aos outros heterônimos como o super-poeta. Em Caeiro encontra-se a liberdade total do "super-homem", livre, simples, além dos enquadramentos do pensamento ocidental.

Teresa Sobral Cunha, no seu "Antônio Mora: o Heterônimo-Filósofo[11], registra que "é hoje indiscutível o magistério com que supremamente Caeiro levou à definição dos perfis ontológicos de Ricardo Reis, Álvaro de Campos e do próprio Fernando Pessoa". Frise-se, porém, que não estamos procurando aqui justificar a escolha de Caeiro como objeto de nosso estudo por ter sido ele considerado "o mestre" pelos demais heterônimos. Até porque, nesse caso, estaríamos lançado mão do testemunho de outros heterônimos para legitimar a condição privilegiada de Caeiro – o que, indiretamente, suporia uma dependência do autor de *O Guardador de Rebanhos* em relação às demais criações pessoanas. A referência à posição que Caeiro ocupa diante do poeta ortônimo, a Reis e Campos, visa somente situá-lo melhor diante dos autores que lhe foram próximos. Em resumo: mais do que enquanto integrante de uma orquestra literária, Caeiro será analisado aqui em sua *carreira solo*. Para tanto, vamos nos debruçar sobre o seu *O Guardador de Rebanhos*.

Isto posto, a questão que se coloca agora é a seguinte: em que sentido se abordará Caeiro e o *Guardador de Rebanhos*?

E Para que Poetas em Tempos de Sensação?

Sabe-se que a complexidade do universo de Caeiro, em sua aparente singeleza, é capaz de dar margem

---
11. *Ibidem*, vol. II, p. 395.

a um sem-número de abordagens exegéticas. Todas elas, no entanto, se resumiriam a um só grande tema, que é o objeto central deste estudo – o problema do real. Dele decorrerá, como veremos mais adiante, um impasse que alcança tanto o plano poético quanto o exegético propriamente dito. Claro que, como adverte Roland Barthes,

> desde os tempos antigos até as tentativas de vanguarda, a literatura se afaina na representação do real. O real não é representável e é porque os homens querem constantemente representá-lo por palavras que há uma história da literatura. Que não haja paralelismo entre o real e a linguagem, com isso os homens não se conformam, e é essa recusa, talvez tão velha quanto a própria linguagem, que produz, numa faina incessante, a literatura[12].

Neste sentido, nada haveria de particular na obra caeiriana. O que distinguirá a poesia de Caeiro, no entanto, conforme mostraremos, será a forma como o poeta se lança à empreitada de pôr a nu as máscaras com que a linguagem encobre a realidade, impedindo que o homem a conheça na plena acepção do termo. "Dentre os heterônimos de Pessoa, Caeiro é aquele que assume de maneira mais marcante e radical a contestação do mito e do poder representativo da linguagem", sentencia Segolin[13],

---

12. *Aula*, São Paulo, Cultrix, 1988, pp. 22-23.
13. "Caeiro e Nietzsche: Da Crítica da Linguagem à Antifilosofia e à Antipoesia", *Actas do IV Congresso Internacional de Estudos Pessoanos – Secção Brasileira*, vol. I, ed. cit., p. 252. Segundo Segolin, "é exatamente essa consciência aguda e trágica da impotência da linguagem face ao real o traço mais notável de parentesco entre Caeiro e Nietzsche" (p. 249). No ensaio, o professor explica que Nietzsche, no seu *O Livro do Filósofo* (Porto, Rés-Editora, 1984, pp. 92-94) aponta para uma completa incompatibilidade entre a verdade e a linguagem. "Acreditamos que sabemos alguma coisa das próprias coisas quando falamos de árvores, de cores, de neve e de flores, e, no entanto, só temos metáforas de coisas, que não correspondem de forma alguma às entidades originais [...] O que é então a verdade? Uma multidão movente de metáforas, de metonímias, de antropomorfismos, em resumo, um conjunto de relações humanas poética e retoricamente eruditas, transpostas, enfeitadas, e que depois de um longo uso, parecem a um povo firmes, canoniais, constrangedoras: as verdades são ilusões que nós esque-

para quem a incapacidade da palavra de representar o real está na base do próprio processo heteronímico. Mas, para além do diálogo entre os heterônimos, a poesia caeiriana se impõe justamente por avocar de forma radical o problema da separação entre o verbo e a realidade.

Em *O Guardador de Rebanhos*, a questão do real surge no interior de versos como:

> O único sentido íntimo das cousas
> É elas não terem sentido íntimo nenhum (*OP*, V, 207)

Este "sentido íntimo nenhum" nasce de uma completa descrença no *universal*. A própria Natureza, diz o Caeiro em *O Guardador de Rebanhos*, "é partes sem todo"[14]. Noutras palavras, a poética caeiriana não admite, como a filosofia de Hegel, por exemplo, sequer

---

cemos que o são, metáforas que foram usadas e que perderam a sua força sensível, moedas que perderam o seu cunho e que a partir de então entraram em consideração, já não como moeda, mas apenas como metal" (Nietzsche, *apud* Segolin, *ibidem*).

14. A respeito deste verso, observou Ricardo Reis: "Duvido que grego algum escrevesse (tal) frase culminante de *O Guardador de Rebanhos*" (*OPRO*, III). Em "Paganismo *versus* Cristismo" (Actas do IV Congresso Internacional de Estudos Pessoanos – Secção Brasileira, vol. I, pp. 44-45), Luís de Sousa Rebelo, argumenta que este verso está de acordo com a idéia-chave do estoicismo sobre a Natureza, que é vista como "conjunto de coisas múltiplas sem ligação, que formam um conjunto sem formarem um conjunto". No capítulo seguinte, analisaremos com mais vagar a relação entre Caeiro e os estóicos. Agora basta observar o seguinte: é verdade, como diz Rebelo, que o estoicismo reflete o objeto liberto da relação causa/efeito, rompendo "com a relação aristotélica, dominante entre substância e acidente", possibilitando que os corpos "com seus estados esgotados" assumam "todas as características da substância" e, deste modo, se oponham "a um além-ser". Por outro lado, os estóicos consideravam o universo como um todo perfeitamente organizado, onde cada parte seria solidária às outras. O homem, como parte deste todo, deveria orientar sua vida neste sentido. A própria filosofia, em que pesassem suas abordagens parciais, por conta de objetivos didáticos, também seria uma imitação daquela concepção do cosmo. Esta explicação, naturalmente, põe em xeque a idéia de que pelo menos o verso "a Natureza é partes sem todo" esteja em *perfeita harmonia* com a filosofia estóica.

a idéia do "universal concreto", mas encara o universal apenas dentro de um quadro de abstração, e por isso o rejeita. Conforme escreveu o filósofo alemão no seu *Introdução à História da Filosofia*[15], o "universal concreto" seria "um universal que é em si mesmo o particular, o determinado" posto que "se a verdade é abstrata, não é verdadeira. A sã razão humana somente visa ao concreto. A reflexão do intelecto é teoria abstrata, não verdadeira, justa apenas no cérebro e de mais a mais impraticável; a filosofia é inimicíssima do abstrato e reconduz ao concreto". Poder-se-ia argumentar que em Caeiro há uma tendência para a universalização da parte – "a Natureza é partes sem todo" –, o que o colocaria em consonância com o "universal concreto" hegeliano. Mas, o próprio Hegel admite que o "universal concreto" ainda seria atingido através da filosofia. Para Caeiro, sendo filosofia, continua denotando uma forma doente, e portanto equivocada, de relação com o mundo, uma vez que os filósofos são "homens doidos". O mundo de Caeiro é um complexo de singulares, de individualidades – cada um é o nome que tem antes de possuí-lo e independentemente da existência do outro. A pedra será pedra, mesmo na ausência de outra pedra ou do homem. Este será humano mesmo na ausência de outro homem. Não se trata, assim, de uma poesia propriamente adâmica – ainda que tenha acesa a "consciência de sua trágica herança: a do poder de nomear o ser, conferido originariamente ao homem e que não se esgota na mera referencialização sígnica do objeto, mas se configura como o reconhecimento da verdadeira natureza das coisas"[16].

15. In *Hegel*, vol. II, Coleção Os Pensadores, São Paulo, Nova Cultural, 1989, p. 103.
16. Fernando Segolin, *As Linguagens Heteronímicas Pessoas: Poesia. Transgressão. Utopia*, p. 23.

Deste modo, a poesia de Caeiro prega um desprezo à mediação operada pelos nomes, isto é, pelos signos, nas relações entre homem e mundo. Charles Sanders Peirce estava convencido de que o próprio homem é um tipo de signo, qual seja, um símbolo. Assim, do ponto de vista da semiótica peirceana, não haveria a menor possibilidade das relações homem-mundo se darem sem a mediação sígnica. Octavio Paz, só para citar o exemplo de um poeta, também não crê num mundo a-sígnico. Isto porque, para ele,

o mundo não é um conjunto de coisas, mas de signos: o que denominamos coisas são palavras. Uma montanha é uma palavra, um rio é outra; uma paisagem é uma frase. E todas estas frases estão em contínua mudança: a correspondência universal significa uma perpétua metamorfose. O texto que é o mundo não é o texto único: cada página é a tradução e a metamorfose de outra e assim sucessivamente. O mundo é a metáfora de uma metáfora. O mundo perde sua realidade e se transforma em uma figura de linguagem. [...] O que é o poeta senão um tradutor, um decifrador? Cada poema é uma leitura da realidade; essa leitura é uma tradução; e essa tradução é uma escrita: um voltar a cifrar a realidade decifrada [...] Escrever um poema é decifrar o universo, só para cifrá-lo novamente[17].

Como a obra de Caeiro canta um mundo governado pela ausência de signos, ela acaba criando um impasse poético, isto é, põe em xeque a própria sobrevivência, a própria pertinência da poesia, uma vez que, num universo desprovido de sistemas de significação, poemas já não seriam necessários.

Isto traz à tona, igualmente, um problema exegético: como pode ser pertinente também a reflexão sobre uma poesia que desautoriza refletir, uma poesia que nega a poesia, uma poesia, enfim, para a qual:

17. "Analogia e Ironia", *Os Filhos do Barro*, Rio de Janeiro, Nova Fronteira, 1984, p. 98.

...a luz do sol vale mais que os pensamentos
de todos os filósofos e de todos os poetas? (*OP*, V, 207)

Para responder a este duplo impasse, este livro recorrerá à semiótica peirceana. Isto porque parece-nos claro que ambos os impasses decorrem de um problema de significação. A desconfiança no poder dos signos de representar o real – que, no fundo, resume tanto o impasse poético, quanto o exegético – é, antes de tudo, uma questão semiótica.

Em nosso estudo sobre a forma como Caeiro busca promover o encontro do homem com o real, abordaremos, no capítulo 2, "Uma Poética das Sensações Há Muito Experimentadas", o esforço algo *neopagão* do poeta, a partir da prática do que se convencionou chamar de sensacionismo. Num primeiro momento, analisaremos o que se poderia entender por sensações verdadeiras, que Caeiro dizia trazer dentro de si ("Sou o Argonauta das sensações verdadeiras", escreveu ele em *O Guardador de Rebanhos*). Como Caeiro jamais pôs no papel qualquer estudo acerca do sensacionismo – tarefa levada a cabo por Fernando Pessoa, Ricardo Reis e Álvaro de Campos –, tornar-se-á necessário nesta hora abordar o autor de *O Guardador de Rebanhos* sob a perspectiva do conjunto formado pelo poeta ortônimo e os heterônimos. No tópico seguinte, vamos nos deter neste embate entre paganismo e cristismo, tema das reflexões do heterônimo-filósofo Antônio Mora[18]. Isto porque, como se verá naquele momento

---

18. Teresa Sobral Cunha (*op. cit.*, p. 394) queixa-se que, devido "aos desmandos do acaso editorial", afastou-se do "convívio dessa 'coterie' (Caeiro-Reis-Campos-Pessoa) de escol o Dr. Antônio Mora, seu teórico oficial, a quem são devidas tão importantes páginas de verdadeira revolução cultural". Tendo surgido para "desenvolver em prosa uma teoria da Renascença Pagã, (Mora) viu acontecer-lhe a mais descaracterizadora das dispersões", reclama ela. Tais "desmandos do acaso editorial", na verdade, não se justificariam. Para que isto não tivesse ocorrido, bastaria que se fizesse

do ensaio, o sensacionismo é uma espécie de "neopaganismo" – expressão que denota o movimento de reação ao "cristismo", termo preferido por Mora em virtude da carga pejorativa que carrega em relação à religião institucional criada em Roma e em franca "liquidação", segundo o filósofo[21]. O próximo passo será demonstrar de que maneira o neopaganismo, já compreendido como um sinônimo do sensacionismo, toma corpo no interior de *O Guardador de Rebanhos*. O que pretendemos com este capítulo é caracterizar o que chamamos há pouco de impasse poético.

No capítulo 3, "Do Ego ao *Érgon*", o que se quer analisar é o impasse exegético. Para tanto, estudaremos o percurso da crítica pessoana que, como já dis-

---

valer a posição do próprio Fernando Pessoa. Num texto de apresentação dos heterônimos, escrito possivelmente em 1930 para servir de prefácio a uma "edição projetada" de suas obra completas, Pessoa dá a Mora tratamento semelhante ao que dispensa aos heterônimos Caeiro, Reis e Campos. Escreve ele: "Este Alberto Caeiro teve dois discípulos e um continuador filosófico. Os dois discípulos, Ricardo Reis e Álvaro de Campos, seguiram caminhos diferentes: tendo o primeiro intensificado e tornado artisticamente ortodoxo o paganismo descoberto por Caeiro, e o segundo, baseando-se em outra parte da obra de Caeiro, desenvolvido um sistema inteiramente diferente, e baseado inteiramente nas sensações. O continuador filosófico, Antônio Mora (os nomes são tão inevitáveis, tão impostos de fora como as personalidades), tem um ou dois livros a escrever, onde provará completamente a verdade, metafísica e prática, do paganismo" (*OPRO*, 83). Atento a esta orientação, José Augusto Seabra (*op. cit.*, p. XV) esclarece que aos "heterônimos Alberto Caeiro, Ricardo Reis e Álvaro de Campos há que acrescentar o heterônimo filosófico Antônio Mora".

21. Luís de Sousa Rebelo (*op. cit.*, pp. 46-50) diz que o termo "cristismo" foi "importado" do livro *Pagan Christs. Studies in Comparative Hierology*, de John Mackinnon Robertson (1856-1933), publicado pela primeira vez em Londres em 1903. De acordo com Rebelo, "Robertson sustentava, nos seus estudos de antropologia religiosa, que o problema do caráter epiceno do Ser parecia ter levado os Samaritanos a conceber um Espírito Santo feminino, simbolicamente figurado como uma pomba, dentro da elaboração platônica do Logos, que instituía a Trindade como entidade una e indivisível. E todo o trabalho crítico de dessimbolização realizado por Robertson, neste como noutros aspectos, leva ao desnudamento ideológico, que tem como efeito um retrato de Cristo afim do que Caeiro dele nos oferece".

semos, sempre privilegiou a produção de Pessoa tomada em seu conjunto. A rigor, a exegese pessoana poderia ser dividida em duas grandes correntes, a genético-biográfica e a textual, que constituirão exatamente os dois tópicos iniciais deste capítulo. Na vertente genético-biográfica, como veremos, a primazia é da análise psicanalítica de Fernando Pessoa. A partir dela, acreditam os seguidores desta corrente, pode-se chegar à essência do processo heteronímico, e, por extensão, à interpretação dos poemas dos heterônimos e até da poesia ortônima. Já para os seguidores da crítica textual, só a produção poética heteronímica ou ortônima importa na hora de se analisar o fenômeno literário que os heterônimos, ou mesmo a ortonomia, representam, bem como sua poesia. No terceiro tópico deste capítulo mostraremos como a corrente genético-biográfica floresceu a despeito das indicações dadas pelo próprio Pessoa, que sinalizava em direção a uma crítica textual, ainda que admitisse seus *desvios* psíquicos. Ao mesmo tempo, demonstraremos que, embora a vertente genético-biográfica promova uma plena identificação entre objeto de estudo e método de apreendê-lo, a exegese textual está melhor aparelhada para dar conta da obra colocada em cena por Fernando Pessoa. Isto vale tanto para uma crítica que leve em consideração a produção heteronímica tomada como um todo, quanto para as análises que se restrinjam a qualquer uma das partes do conjunto dos heterônimos ou à poesia ortônima.

Não se trata de condenar a leitura psicanalítica de Pessoa. Não é possível negar que a própria personalidade de Pessoa já seja o bastante para que se desencadeie todo o tipo de psicologismo na hora de avaliar sua obra. Há, inclusive, sob esta perspectiva, insista-se, uma perfeita harmonia entre objeto de estudo e método de apreendê-lo. Do mesmo modo, porém, um heterônimo que venha a ser analisado individualmente, tal como o poeta ortônimo, reclama uma exegese textual – já que não importará mais o fato do mesmo integrar um grupo de personagens de uma personalidade fragmentada. No caso específico de Caeiro, conforme estudaremos, há outras razões, denunciadas por seus próprios poemas, que justificam a abordagem textual. Noutras palavras: a psicanálise de Pessoa não importa quando o que se está analisando é o resultado do "fazer poético" que um suposto Complexo de Édipo ou, quem sabe, uma esquizofrenia provocou[20]. Importam menos para a literatura os conflitos de personalidade de Pessoa do que o resultado, em nível textual, alcançado por seu *eu* em frangalhos. É exatamente por se fixar num texto concreto de Caeiro, *O Guardador de Rebanhos* que a crítica textual que empreenderemos revelará o impasse exegético que, como já dissemos, surge dos versos caeirianos.

No capítulo 4, "Da Utopia da Realidade à Realidade da Utopia ou Em Busca da Morte Perdida ou Uma Conclusão", com base na semiótica peirceana, veremos em que medida Alberto Caeiro – explorando o símbolo nos limites entre poesia e reflexão poética, entre poesia e o hipotético viver/existir do poeta, para

---

20. Segundo José Augusto Seabra (*op. cit.*, p. XIV), "As 'explicações' de fundo psicológico, sociológico ou filosófico, como as de tipo impressionista ou mais elaboradamente temático (não falando já nas de matiz ideológico ou polêmico) trouxeram com certeza, aqui e ali, contribuições parciais à abordagem da obra. Mas na sua maior parte, não foram exatamente senão uma abordagem, ficando quase sempre nas fronteiras do fenômeno poético. Só a intuição penetrante de alguns críticos, que eram, não raro, também poetas (estamos a pensar por exemplo, num Casais Monteiro, num Jorge de Sena e num Octavio Paz), lhes permitiu apontar ao essencial: o estudo da linguagem, ou antes, das linguagens poéticas de Pessoa, quer ao nível da estrutura global da obra, quer da estrutura específica de cada heterônimo".

além do texto poético – dá conta ou fracassa em seu esforço para promover o encontro entre o homem e o real.

A Revolta do Moderno

Note-se que o fazer poético de Caeiro, construído sobre a fronteira entre a poesia e sua reflexão, nos revela um autor moderno e revolucionário. Vejamos exatamente o que quer isto dizer.

A modernidade de Caeiro se baseia em dois pontos: *1*. o caráter metalingüístico de sua poesia; *2*. o espírito libertador. Roberto de Oliveira Brandão, no seu "Consciência e Modernidade em Fernando Pessoa"[21], argumenta que "um dos traços mais significativos da Modernidade da poesia de Fernando Pessoa é a utilização da consciência como matéria criativa". Para ele, pode-se falar em quatro "centros de tensão" que atestariam tal utilização da consciência. Cada um deles, aliás, segundo Brandão, obedeceria à própria divisão dos heterônimos pessoanos, os quais "já atestam a situação do homem atual, que se vê cindindo naquilo que o sustenta: a integridade do sujeito enquanto unidade que ordena a interação entre o exterior e o interior de cada ser humano". À "consciência do saber", corresponderia o poeta ortônimo. Já a "consciência do ser" estaria ligada a Caeiro, curiosamente empenhado em

um trabalho lento de desconstrução do arcabouço ideológico responsável pela criação e sustentação do ser. Daí repetir ele muitas vezes o mesmo motivo, em suas variações racional, metafísica, religiosa, mística: "Eu não tenho filosofia"; "Há metafísica bas-

---

21. *Actas do IV Congresso Internacional de Estudos Pessoanos – Secção Brasileira*, vol. II, p. 271.

tante em não pensar em nada"; "Pensar em Deus é desobedecer Deus"; "Tu, místico, vês uma significação em todas as coisas".

Ao considerar o tempo como "uma ilusão iniludível", Reis assume, de acordo com Brandão, a "consciência do destino", enquanto Campos tem a "consciência da emoção", já que busca "a agitação e o emotivo", que no fundo "escondem a irrevogável lucidez do homem moderno". No mesmo volume onde se encontra o texto de Brandão, num ensaio intitulado "Vanguarda e Subdesenvolvimento: Respostas de Fernando Pessoa a Mário de Andrade" (pp. 255-270), Regina Zilberman analisa os paralelos entre o Modernismo português e o brasileiro, a partir de um exame de uma problemática comum aos dois poetas, ou seja, o desafio de fundar uma poética apoiada na idéia de modernidade, isto é, "adequada a uma nação tecnológica e economicamente avançada, sem que isto correspondesse a uma realidade concreta". No que se referia a Portugal, explica Regina,

embora ainda detivesse algumas colônias, podendo então se considerar potência imperialista, qual a Inglaterra, França ou Alemanha, sua real situação correspondia à de um país frágil, de importância secundária no conjunto do quadro político e dependente do poder britânico, que controlava sua economia há mais de um século e agora interferia em suas decisões de políticas internas.

O Brasil, por seu turno, embora o texto de Regina Zilberman não frise isto, não havia sequer entrado em sua "Revolução Industrial" quando ocorrera a Semana da Arte Moderna, em 1922 – só nos anos 30 terá início o processo de industrialização do país. De qualquer modo, apesar do atraso de seus respectivos países, Pessoa e Mário buscaram soluções para a efetivação de uma poética modernista.

O *modernismo* foi aquele momento da história que se caracterizou por uma crise aguda em todas as manifestações artísticas, a qual gerou as vanguardas. Como qualquer ser vivo, as artes em crise se voltaram para si mesmas e o resultado das vanguardas foi uma produção prioritariamente metalingüística. A cor e as formas em si mesmas só passaram a ser objetos da pintura com as vanguardas artísticas, do mesmo modo que a linguagem e a construção da narrativa só ganharam o *status* de protagonistas da poesia e de romances na obra dos escritores deste período.

A estética vanguardista é, na realidade, uma antiestética, caracterizada por uma reação a tudo o que lhe é anterior – Octavio Paz, fala numa "tradição de ruptura, uma tradição feita de interrupções, em que cada ruptura é um começo"[22] – sob a égide de uma revolução tripla: industrial, científica e comportamental. Quando o Manifesto Dadaísta (1918) admite destruir "as gavetas do cérebro e as da organização social, desmoralizar por toda a parte"[23] dá bem a medida da nova ordem das coisas. Para Max Bense, a revolução se explica pela distinção entre "coisa e propriedade de um lado e estrutura e função do outro"[24]. Já o canadense Modris Eksteins[25] defende a idéia de que a sensibilidade moderna foi forjada na experiência traumática da Primeira Guerra Mundial. Segundo ele, depois do maior espetáculo de selvageria até então visto sob a face da Terra, "a pulsão de criar e a pulsão de destruir trocam de lugar". Na realidade, elas se misturam, numa operação que remete à metalinguagem.

22. *Os Filhos de Barro*, p. 17.
23. Tristan Tzara, *Sete Manifestos Dada*, Lisboa, Hiena Editora, 1987, p. 15.
24. *Pequena Estética*, São Paulo, Perspectiva, 1975, p. 165 [Debates 30].
25. *A Sagração da Primavera*, Rio de Janeiro, Rocco, 1991.

Ora, nenhum poeta da língua portuguesa foi tão longe na primeira metade do século XX quanto Caeiro no que diz respeito à produção de uma poesia que, para além da reflexão sobre as angústias do homem e de seu tempo, tratava de olhar par si mesma – o seu papel, os seus limites e possibilidades dentro do universo da linguagem e do mundo contemporâneo –, para não falar do espelhamento que tenta conseguir em relação ao próprio ato de viver/existir do poeta:

> Procuro dizer o que sinto
> Sem pensar em que o sinto.
> Procuro encostar as palavras à idéia [idéa-124]
> E não precisar dum [de um-124] corredor
> Do pensamento para as palavras
>
> [...] Da mais alta janela da minha casa
> Com um lenço branco digo adeus
> Aos meus versos que partem para a Humanidade.
> E não estou alegre nem triste
> Esse é o destino dos versos.
> Escrevi-os e devo mostrá-los a todos
> Porque não posso fazer o contrário
>
> Como a flor não pode esconder a cor,
> Nem o rio esconder que corre,
> Nem a árvore esconder que dá fruto
>
> (*OP*, XL VI, 226, XL VIII, 227)

O espírito libertador de Caeiro, que também serve de parâmetro para alinhá-lo entre os modernos, está presente com especial ênfase no aspecto formal de seus versos. Em *O Guardador de Rebanhos* eles assumem tanto o aspecto de máximas paradoxais, caso de

> Há metafísica bastante em não pensar em nada (*OP*, V, 206).

ou

> Pensar uma flor é vê-la e cheirá-la
> E comer um fruto é saber-lhe o sentido (*OP*, IX, 212)

quanto o de diálogos didáticos:

> Olá, guardador de rebanhos,
> Aí à beira da estrada,
> Que te diz o vento que passa?
>
> Que é vento, e que passa,
> E que já passou antes,
> E que passará depois,
> E a ti o que te diz? (*OP*, X, 213)

para não falar do formato de orações genuinamente pagãs (já que falam de um mundo ainda livre das "subjetividades" decorrentes do "cristismo"):

> Bendito seja o mesmo sol de outras terras
> Que faz meus irmãos todos os homens
> Porque todos os homens, um momento no dia, o olham como eu,
> E nesse puro [bom-120] momento
> Todo limpo e sensível
> Regressam lacrimosamente [imperfeitamente-120]
> E com um suspiro que mal sentem
> Ao homem verdadeiro e primitivo
> Que via o Sol nascer e ainda o não adorava
>
> (*OP*, XXXVIII, 223)

Em relação ao caráter revolucionário da poesia de Caeiro, especialmente a de *O Guardador de Rebanhos*, nota-se que ele passa por um aspecto de ordem ideológica ao qual se vincula a palavra de um modo geral e certa produção poética de maneira particular.

Como se sabe, de acordo com a semiótica peirceana, a palavra é um tipo de signo, qual seja, o símbolo, cuja principal característica é se vincular a seu objeto segundo uma convenção ou lei. Ora, esta convenção atende, é claro, em algum nível, a classe dominante da sociedade lingüística em questão, que chegou a esta condição porque representa a maioria racial, político-partidária, ou porque detém os meios de produção, o aparato militar – isto não importa aqui. O fato é que uma determinada combinação de letras só passa a significar este ou aquele objeto numa sociedade porque o grupo dominante, ou quem o represente, assim o quis. No dizer de Alfredo Bosi, "é a ideologia dominante que dá hoje nome e sentido às coisas"[26]. Não por acaso, a história assistiu ao desaparecimento de milhares de idiomas.

Nietzsche[27], refletindo sobre a arbitrariedade da linguagem, que o levou a uma postura de reação às gramáticas, pondera:

> Quantas preferências parciais! Comparadas entre elas as diferentes línguas mostram que pelas palavras nunca conseguimos chegar à verdade, nem a uma expressão adequada: a não ser assim, não existiriam tão numerosas línguas.

Para o filósofo alemão, é evidente que a linguagem, dada a sua própria natureza de lei, estará sempre a demonstrar o poder do dominador sobre o grupo de falantes dominados.

Se a palavra, como símbolo que é, atende a determinações de caráter ideológico-social, a poesia pode ser definida como sua mais legítima antítese. Isto porque é possível identificar na produção poética de qualquer época

> a tendência por afastar-se criticamente da língua social, na busca de uma linguagem própria e sempre nova, onde o indivíduo se afirme, se nomeie e se descubra em seu idioleto, em contraposição

---

26. *O Ser e o Tempo da Poesia*, São Paulo, Cultrix, 1977, p. 142.
27. *Apud* Fernando Segolin, "Caeiro e Nietzsche: Da Crítica da Linguagem à Antifilosofia e à Antipoesia", *op. cit.*

à descaracterização conceptualizante e desindividualizante a que o condenam os produtos teórico-ideológicos da ordem social[28].

É verdade que nem toda a poesia corresponde integralmente a este ideal – embora a ausência do caráter transgressor ponha em xeque a própria pertinência de se incluir em tal gênero um texto assim realizado. Assim, de acordo com suas características originais, a poesia deveria romper sempre com os padrões e limites de sua categoria sígnica, ainda que fosse produzida em símbolos e versos[29]. Caeiro tenta isso justamente minando no símbolo sua característica-raiz, qual seja, a de se relacionar com seu objeto segundo uma convenção. No universo anunciado pela poesia de Caeiro, no mundo do "guardador de rebanhos", o símbolo, como de resto qualquer signo, não tem qualquer validade. O nome é parte inseparável dos objetos. Estes existem por si, uma coleção de singulares. Não há hierarquia de qualquer espécie, e exatamente por isso as convenções se tornaram impossíveis. É um mundo silencioso, mas curiosa e contraditoriamente anunciado por uma poesia simbólica – como o estertor de um suicida. Nada mais moderno e revolucionário do que uma arte que nega a si mesma.

---

28. Fernando Segolin, *As Linguagens Heteronímicas Pessoanas: Poesia. Transgressão. Utopia*, p. 24.

29. Preferimos a expressão "ainda que" por conta de a visualidade ter adquirido um papel de maior relevância na poesia deste século, que assim deixou de pertencer de maneira exclusiva ao universo dos símbolos. Não é, porém, este tipo de transgressão poética que nos importa neste trabalho – o da produção poética no universo icônico, muito embora ainda se trate de um gênero literário. Para o presente estudo, o objeto de relevância é a revolução no uso do próprio símbolo poético. Não deixa de parecer uma contradição que um gênero literário como a poesia tenha sido formalizada no universo do símbolo. Mas "toda canção de liberdade vem do cárcere" (Gorch Fock, via "Prefácio Interessantíssimo", *Paulicéia Desvairada*, Mário de Andrade, 1922).

Percorrendo sua trajetória no fio da navalha dos processos de significação, a poesia de Alberto Caeiro, e mais acentuadamente *O Guardador de Rebanhos*, lança um impasse definitivo: afinal, é possível uma conciliação entre o homem e o real? Tudo o que se lerá daqui por diante é uma tentativa de demonstrar de que modo Caeiro enfrenta esta questão. A vocação para o silêncio total, que culmina na morte, como veremos, caracterizará os impasses detonados pela obra de Caeiro. Se não admite a intermediação sígnica, *O Guardador de Rebanhos*, de acordo com a semiótica de Peirce, não comporta o Interpretante, este reprodutor de signos. É puro objeto, o qual, isolado, também se torna indivisível, ou seja, incapaz de ter similares. A criação poética fica neste estágio, quer dizer, pode dispensar o instrumento de ligação/reconciliação do homem com o mundo – a palavra desideologizada, justamente a própria poesia. Foi para buscar caminhos de afirmação do signo, que Caeiro dá como perdidos, que paradoxalmente surgiram os dois outros poetas-heterônimos básicos de Pessoa – Ricardo Reis e Álvaro de Campos – e a própria obra ortônima. Cada um deles tentará encontrar um caminho poético próprio, que não nos importará aqui, insistimos[30] – para superar os impasses provocados pela obra caeiriana.

---

30. Esta vem a ser exatamente a proposta da tese de doutoramento de Fernando Segolin aqui citada.

2. UMA POÉTICA DAS SENSAÇÕES HÁ MUITO EXPERIMENTADAS

onde se anima a cena sob o sopro dos sentidos

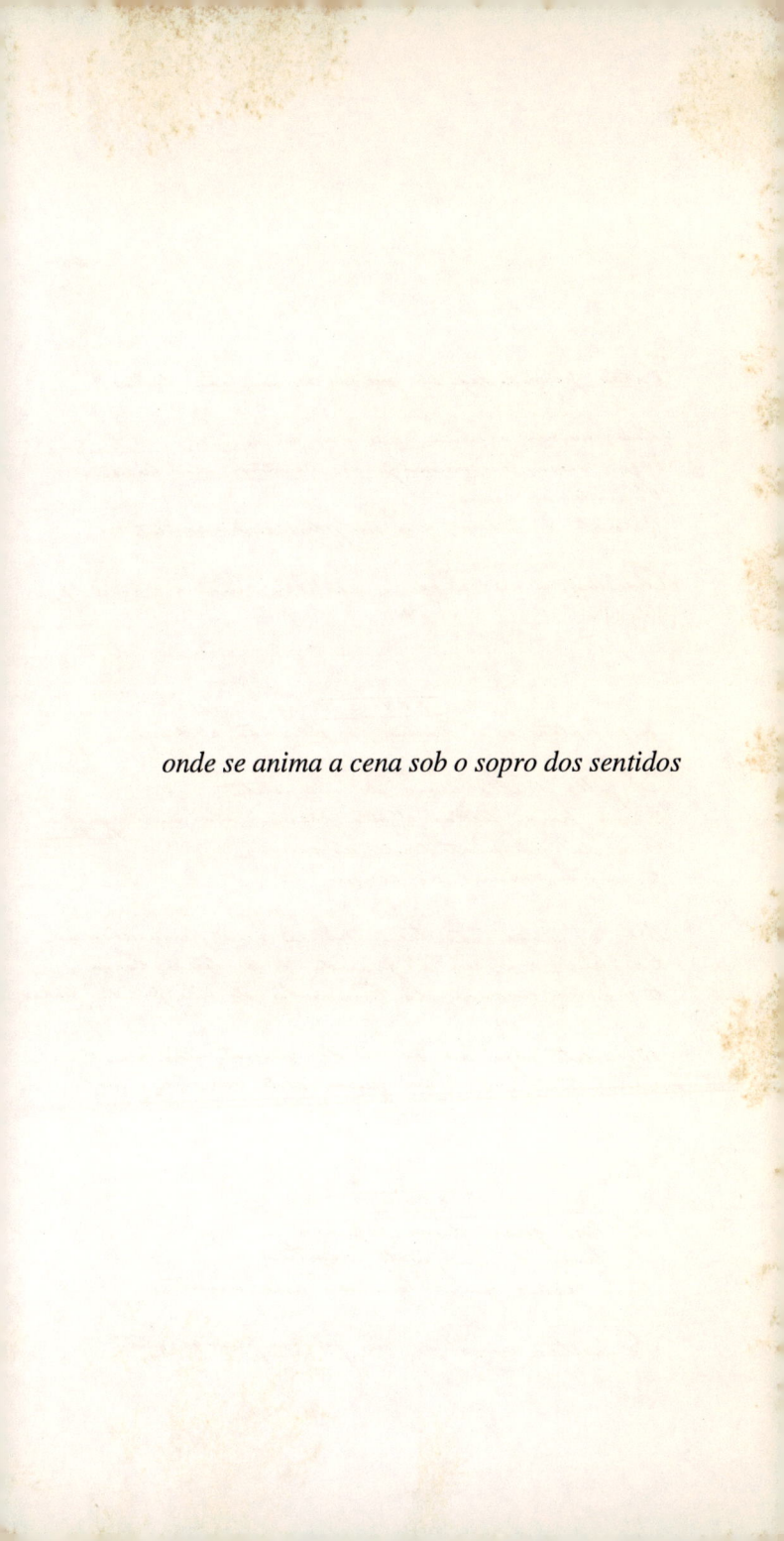

Então, porque digo eu das cousas: são bellas?

Sim, mesmo a mim, que vivo só de viver,
Vagos, veem ter commigo os mentiras dos homens
Perante as cousas,
Perante as cousas que simplesmente existem...

(Que difícil ser proprio e não vêr senão o visivel!)
[11-3-1914].

XXVII.

Só a natureza é divina, e ella não é divina...

Se fallo d'ella como de um ente
É que para fallar d'ella preciso usar da linguagem
Que dá personalidade ás cousas   dos homens
E impõe nomes ás cousas.

Mas as cousas não teem nome nem personalidade:
Existem, e o céu é grande e a terra larga,
E o nosso coração do tamanho de um punho fechado.

Bemdito seja eu por tudo quanto não sei.
Gozo tudo isso como quem sabe que ha o sol.

XXVIII.

Li hoje quasi duas paginas
Do livro d'um poeta mystico,
E ri como quem tem chorado muito.

Os poetas mysticos são philosophos doentes,

E os meus pensamentos são todos sensações.

Pensar é não compreender.

ALBERTO CAEIRO

A raça dos deuses e dos homens é uma só.

PÍNDARO

As Sensações Verdadeiras

Alberto Caeiro jamais formulou teoricamente um projeto estético. E nem poderia ser diferente, já que em sua poesia anunciava a falibilidade da reflexão. Pode-se atribuir a classificação "sensacionista" à sua obra a partir dos estudos que lhe dedicaram sobretudo Ricardo Reis e Álvaro de Campos – o que nos leva, neste momento, conforme já prevíamos, a abordar Caeiro sob a perspectiva do poeta ortônimo e dos heterônimos.

Do mesmo modo que, segundo Campos, "Caeiro não era um pagão: era o paganismo" (*OPRO*, 108), é possível afirmar que ele não foi apenas um poeta sensacionista, mas se constituiu no próprio sensacionismo. Para que se compreenda melhor o que isto quer dizer, é preciso abrir um parêntese para que se discorra sobre o sensacionismo.

Pessoa se preocupou em sistematizar vários tópicos da estética sensacionista. A maior parte dos manuscritos a respeito do assunto não tem assinatura e nem mesmo data – no máximo, o registro de um ano, via de regra o de 1916. Os princípios do sensacionismo que saltam destes textos são os seguintes:

a. Nada existe, não existe a realidade, mas apenas sensações.
b. Todo o objeto é uma sensação nossa. Toda a arte é a conversão duma sensação em objeto. Portanto, toda a arte é a conversão duma sensação em outra sensação.
c. A base de toda a arte é a sensação.
d. O objetivo da arte é simplesmente aumentar a autoconsciência humana.
e. O Sensacionismo difere de todas as atitudes literárias em ser aberto e não restrito. Ao passo que qualquer corrente literária tem, em geral, por típico, excluir as outras, o Sensacionismo tem por típico admitir as outras todas. O Sensacionismo é assim porque, para o Sensacionista, cada idéia, cada sensação a exprimir tem de ser expressa de uma maneira diferente daquela que exprime outra (*OPRO*, 426, 434, 441, 448).

Ora, os versos de *O Guardador de Rebanhos* parecem ter sido escritos sob medida para ilustrar estas posições teóricas (quando na verdade o que ocorreu foi o inverso). Senão vejamos:

Eu não tenho filosofia: tenho sentidos...
[...]
Sou um guardador de rebanhos
O rebanho é os meus pensamentos.
E os meus pensamentos são todos sensações.
Penso com os olhos e com os ouvidos
E com as mãos e os pés
E com o nariz e a boca.

[...]
Vi que não há Natureza,
Que Natureza não existe,
Que há montes, vales, planícies,
Que há árvores, flores, ervas,
Que há rios e pedras,
Mas que não há um todo a que isso pertença,
Que um conjunto real e verdadeiro
É uma doença das nossas idéias [idéas-125].

(*OP*, II, 205, IX, 212, XLVII, 226)

Mas os versos que melhor exprimem, em *O Guardador de Rebanhos*, a *arrogância sensacionista* do poeta são os seguintes (incluídos no poema XLVI):

Sou o Argonauta das sensações verdadeiras
Trago ao Universo um novo Universo
Porque trago ao Universo ele-próprio (*OP*, 226).

Estas três linhas resumem que não basta navegar com as sensações; há que se fazer isso, como o poeta, mas de posse daquelas que são "verdadeiras". É isto que vai possibilitar que se estabeleça uma relação tal com o Universo que pela primeira vez permitirá a ele contatar a si mesmo. A pergunta que se faria agora é de que modo isso poderia ser possível. Noutras palavras, como experimentar as tais "sensações verdadeiras"? *O Guardador de Rebanhos* responderia com os seguintes versos, já aqui citados:

... o homem verdadeiro e primitivo
Que via o Sol nascer e ainda o não adorava (*OP*, XXVIII, 223)

Este "homem verdadeiro e primitivo", de acordo com um manuscrito não assinado e com data provável de 1916, existiu pelo menos até a Grécia Antiga e Roma, "essa América da Grécia" (*OPRO*, 424). De acordo com este texto, naquelas localidades, o que predominou no princípio foi "o Objeto, a Cousa, o Definido. Existia, de um lado, a Cousa; do outro existia, em bloco, a Sensação, a sensação imediata e vivida. E assim, quando a arte era do Objeto, o objeto surgia perfeito e nítido na realização" (*OPRO*, 424). Isto significava que para gregos e romanos,

> a sensação de realidade era direta. Era imediata. Entre a sensação e o objeto – fosse esse objeto uma cousa do exterior ou um sentimento – não se interpunha uma reflexão, um elemento qualquer estranho ao próprio ato de sentir. A atenção era por isso perfeita, cingia cada objeto por sua vez, delineava-lhe os contornos, recortava-o para a memória. Quando era dirigida para o interior, incidia atentamente sobre cada detalhe da vida espiritual, concretizando-o pela própria acuidade equilibrada da atenção (*OPRO*, 424).

Assim, certos filósofos gregos – notadamente os pré-socráticos – não se enquadrariam na classificação em que *O Guardador de Rebanhos* inclui os pensadores de seu tempo:

> ... os filósofos são homens doidos (*OP*, XXVIII, 219).

Isto porque os pré-socráticos, não só jamais separavam "viver de pensar" como também

> não se preocupam nem em descrever a realidade, nem em falar no vazio sobre aquilo que deveria ser, vício de todos os filósofos posteriores, ou quase todos, porque eles se sabem, sem ênfase, videntes (ver e saber, no sentido de "pensar perfeitamente"e falar são ainda sinônimos para eles)[1].

Do ponto de vista da semiótica peirceana, a experiência das "sensações verdadeiras" se daria no plano da Primeiridade. Só nesta categoria o indivíduo pode

---

1. Gérard Legrand, *Os Pré-Socráticos*, Rio de Janeiro, Jorge Zahar Editor, 1991, pp. 129-130.

"ver" o sol como o homem primitivo e verdadeiro. É a Primeiridade que possibilitaria uma experiência sensacionista que – tal como ocorria entre os gregos antigos, entre os filósofos pré-socráticos –, independente do jugo da razão, ou seja, da Terceiridade, cujo o signo por excelência é o símbolo. Para Peirce,

o Primeiro predomina na sensação, distinto da percepção objetiva, vontade e pensamento. [...] Interessa-me a qualidade em si mesma, que é um poder-ser não necessariamente realizado. Uma qualidade-de-sensação pode ser imaginada sem qualquer ocorrência[2].

Isto não quer dizer que a *expressão* do real se dê sem a intermediação sígnica. É preciso não confundir o signo da Primeiridade, o ícone por excelência – se pensarmos na relação S-O do triângulo básico dos processos de significação – com esta categoria cenopitagórica. Refletindo a respeito de "questões sobre certas faculdades reivindicadas para o homem", Peirce responde assim à possibilidade de se pensar sem signos: "É uma questão familiar, mas até agora a melhor resposta que lhe deram consiste em dizer que o pensamento precede o signo"[3]. A experiência da Primeiridade é sempre original, trata-se, como foi dito antes, de sensação pura, qualidade de sensação. Quando Peirce afirma que "ao pensarmos surgimos como signo"[4], na verdade, está se referindo à detecção do pensamento. Neste sentido, a experiência da Primeiridade é monádica, mas segundo o entendimento que Peirce tinha da mônada, isto é, "pura natureza, ou qualidade sem partes ou aspectos e sem corpo"[5].

2. *Escritos Coligidos*, Coleção Os Pensadores, São Paulo, Abril Cultural, 1980, pp. 88-89.
3. *Ibidem*, p. 67.
4. *Ibidem*, p. 73.
5. *Ibidem*, pp. 88-89.

A observação de que se está falando do monismo de acordo com a visão que Peirce tinha dele é fundamental para que, num exame exegético de Caeiro ou das teorias sensacionistas, não se tope com alguma contradição. Isto porque há certas definições da experiência monádica que, apesar de terem surgido com filósofos pré-socráticos, como Parmênides, nos quais já identificamos alguma afinidade com Caeiro, não encontram respaldo em nenhum verso de *O Guardador de Rebanhos*. Em primeiro lugar, parece antagônico a Caeiro pensar que por trás de todas as coisas exista uma substância comum. Claro que mesmo numa versão ortodoxa o monismo admite a pluralidade de indivíduos – que é o mundo de *O Guardador de Rebanhos* – mas com um senão: que tais sujeitos tenham uma substância comum. Esta substância comum poderia ser matéria ou espírito. Caeiro não considera nem mesmo a possibilidade desta essência das coisas, de maneira que em relação à sua obra não se pode falar sequer num monismo gnoseológico, aquele em que a realidade a qual tudo se reduz pode ser o objeto – a não ser que esta realidade seja a sensação, afinal, "a única realidade da vida é a sensação" (*OPRO*, 431).

O monismo em Caeiro se manifesta primeiro porque nele há uma completa negação do dualismo – corpo *versus* alma; matéria *versus* espírito; humano *versus* sagrado – doutrina que filosoficamente se opõe à concepção monádica do mundo. Há uma indissociação sujeito-objeto, o Uno de Plotino, mas não uma essência comum, uma "natureza" que fosse sinônimo de "todo". Por outro lado, enquanto Primeiridade, as sensações verdadeiras sinalizadas pelos versos de *O Guardador de Rebanhos* se reduzem a qualidades de sensação, isto é, às tais "qualidades sem partes" que caracterizam o monismo, de acordo com Peirce. Afinal, insista-se, "a única realidade da vida é a sensação".

O questionamento monismo/dualismo remete a um conflito que caracteriza a própria idéia de religião. Não por acaso, o filósofo Antônio Mora afirma que o momento da história em que se interrompe a sensação imediata da realidade coincide com o surgimento do cristismo. Segundo Mora e seus seguidores, esta religião teria sido a primeira a intercalar entre o objeto e a sensação dele, um mundo de "noções espirituais" que acabaria desvirtuando a visão direta e lúcida, a das "sensações verdadeiras", que o homem grego, adepto do paganismo, havia se acostumado a lançar sobre todas as coisas. Vejamos como se deu, de acordo com Mora e os neopaganistas que inspirou – a ausência do exercício teórico por parte de Caeiro, frise-se, obriga que, nestas incursões, sua obra seja abordada sob a perspectiva heteronímica – este embate entre pagãos e crististas.

Paganismo versus *Cristismo*

No princípio era o mito, o "nada que é tudo". Pergunte-se a Prometeu, o acorrentado, o criador dos primeiros homens, que moldou em barro. Diz Mircea Eliade:

> O mito narra como, graças às façanhas de Entes Sobrenaturais, uma realidade passou a existir, seja uma realidade total, o Cosmo, ou apenas um fragmento: uma ilha, uma espécie vegetal, um comportamento humano, uma instituição. [...] É em razão das intervenções dos Entes Sobrenaturais que o homem é o que é hoje, um ser mortal, sexuado e cultural[6].

Esta explicação sobre o aparecimento de uma determinada realidade no mundo de que fala o mitólogo

---

6. *Mito e Realidade*, São Paulo, Perspectiva, 1968, p. 11 [Debates 52].

romeno sempre evidencia, de algum modo, que, no universo grego, entre homens e deuses não há distinção de raça – conforme escreveu Píndaro[7].

Esta correspondência entre homens e deuses seria responsável, segundo Antônio Mora, pelo fato de o paganismo se estabelecer como uma "religião humana" (*OPRO*, 175). "Os atos dos deuses pagãos são atos de homens magnificados [...] A natureza divina, para o pagão, não é anti-humana ao mesmo tempo que super-humana: é simplesmente super-humana" (*OPRO*, 175). Para Mora, como a religião pagã era "humana", ela representava "a mais natural" das religiões. Esta idéia de religião elaborada pelo heterônimo filósofo soa

---

7. A verve pagã deste poeta grego chegou a um refinamento tal que ele foi capaz de sintetizar o paganismo em obras-primas como os seguintes versos: "Minha alma não creias na vida eterna/Esgota porém o campo do possível". Para os gregos, a idéia de algo não ter fim era, conforme anotou Álvaro de Campos, até mesmo repugnante. Se assim pensavam os gregos, esta também era a posição do Caeiro-paganismo. "Não concebo nada como infinito. Como é que eu posso conceber qualquer coisa como infinito?" indagou Caeiro a Campos segundo relato deste incluído no corpo do texto "O Conceito Direto das Coisas" (*OPRO*, 108). "O que não tem limites não existe. Existir é haver outra coisa qualquer e portanto cada coisa ser limitada. O que é que custa conceber que uma coisa é uma coisa, e não está sempre a ser outra coisa que está mais adiante?", completou. A idéia de que a existência de algo depende do fato de que outra coisa qualquer exista para limitá-lo pode soar como um paradoxo em relação à postura caeiriana já aqui exposta dando conta de que, para ele, a pedra será pedra, independentemente de outra pedra ou do homem. A contradição é apenas aparente. Ao contrário: a máxima "existir é haver outra coisa qualquer e portanto cada coisa ser limitada" ratifica a certeza de que a pedra será pedra mesmo na ausência de outra pedra. Para que a pedra exista, é preciso apenas que haja "uma outra coisa qualquer" e não necessariamente uma pedra ou quem a identifique como tal (o homem). Basta que exista outra coisa para limitá-la enquanto pedra – fazê-la não-flor, não-água, não-ar, não-fogo, não-pássaro etc. Esta individualidade da pedra e de tudo – cada coisa é o nome que tem antes de possuí-lo, insista-se – é que determina a impossibilidade de qualquer dualismo no universo caeiriano, embora, como já dissemos, o monismo disto decorrente seja aquele de caráter peirceano, isto é, de qualidades (de sensação) "sem partes ou aspectos e sem corpo" e ainda "não analisável".

contraditória. Isto ocorre porque o cristianismo, que historicamente se opôs ao paganismo, sedimentou a concepção do culto religioso como a representação do antagonismo dos papéis de homem e deus. Mora, porém, não atribui a naturalidade do paganismo apenas à sua condição de algo "humano". O pensador esclarece que é natural também o politeísmo pagão, por exemplo. Como a natureza é plural, e a religião deve se apresentar aos homens enquanto realidade exterior, disto decorre, de acordo com Mora, que o paganismo, por conta de seu politeísmo, seja também deste modo "a mais natural" das religiões. Por fim o pensador entende que o paganismo represente uma religião natural em virtude de ser "política, isto é, parte da vida da cidade ou do estado, não visando, portanto, o universalismo" (*OPRO*, 175). Segundo Mora,

assim, a religião pagã se encontra em harmonia com os três pontos naturais em que a humanidade toca – com a própria essência experimental da natureza inteira; com a própria essência da natureza humana; e com a própria essência da natureza humana em marcha (em marcha social), isto é, da natureza humana civilizada, isto é, da civilização (*OPRO*, 175).

A concepção cristã, no entanto, é rigorosamente distinta desta. Num manuscrito possivelmente de Mora, mas sem assinatura e com data provável de 1917 (*OPRO*, 190), está dito que "o cristismo é a inversão dos princípios pagãos, a negação dos seus intuitos, o que significa, em todo o caso, que substrativamente existe este paganismo, que deformado, errado ou desviado, todavia não morreu. É ele que é tipicamente a nossa civilização. Onde ele aparece, recivilizamo-nos; quando desaparece, vem a rebarbarização" (*OPRO*, 190).

Com o "cristismo em liquidação", como está escrito num texto provavelmente também preparado por

Mora, talvez em 1917, poder-se-ia falar em neopaganismo. Mora, no entanto, em "O Regresso dos Deuses" (1916) renega esta classificação.

> Não somos, na verdade, neopagãos, nem pagãos novos. Neopagão ou pagão novo não é termo que tenha sentido. O paganismo é a religião que nasce da terra – que nasce da atribuição a cada objeto de sua realidade verdadeira. "Neopagão" é um termo que tem tanto sentido como "neopedra" ou "neoflor", acredita (*OPRO*, 176).

Em outras palavras, ou a sensibilidade pagã existe ou não. Ou se tem as "sensações verdadeiras" ou não há, de fato, relação com o mundo, com a realidade. Para Mora,

> o homem que vê em cada objeto uma outra cousa qualquer, que não seja isto, não pode ver, amar ou sentir esse objeto. O que dá a cada cousa o valor de ter sido criada por "Deus", dá-lhe o valor por o que ela não é, mas por o que ela lembra. Os seus olhos estão postos nessa cousa e alhures o seu pensamento (*OPRO*, 177).

Para o pagão, cada objeto é dono de uma "realidade imediata" – atingi-la, sem intermediários, significaria tornar-se o "argonauta das sensações verdadeiras". Ora, visto deste modo, parece claro que o paganismo seja o correspondente religioso-filosófico do sensacionismo literário. No fundo, o que uma e outra corrente pretendem não é nada além do que captar o real em sua imediatez, o que só seria possível através das sensações.

A questão que se colocaria agora seria a seguinte: de que maneira Caeiro e o sensacionismo surgem dentro deste cenário de cristismo em liquidação e paganismo ressuscitado? A resposta está num outro manuscrito com data provável de 1917, sem assinatura, mas possivelmente deixado por Mora:

Uma religião não se pode construir como se constrói um sistema metafísico. Tem que nascer da sensibilidade direta das cousas. O fato de que o paganismo existiu já não quer dizer que se possa ir buscá-lo ao passado. O mais que se iria buscar era a forma sem vida, o mero corpo morto do paganismo. Devia surgir uma sensibilidade pagã. Nesta altura surgiu Alberto Caeiro (*OPRO*, 201).

Dado que o paganismo fôra superado pelo cristianismo, o restabelecimento de uma atitude pagã diante do mundo moderno reclamava algo de concreto, claro – mas por que um poeta? Aparentemente, a questão era, antes de mais nada, religiosa, ou pelo menos filosófico-religiosa. Todavia, a anunciada decadência do cristianismo, segundo Mora e seus seguidores, tinha razões que iam do crescimento da ciência positiva, "a única força verdadeira e segura do mundo moderno" (*OPRO*, 198) – e neste caso, "uma religião provinda da ciência tem de ser uma religião absolutamente objetiva, e a pura religião objetivista é o paganismo" (*OPRO*, 198) – até "a enorme concorrência comercial, a complicação de internacionalismos, a crescente necessitação de corpos de operários especialistas" (*OPRO*, 211). E passaria também, por uma explicação literária. "O cristismo só com o romantismo é que atinge a sua perfeita expressão literária" (*OPRO*, 197). Do mesmo modo que "as épocas anteriores dependiam ainda artisticamente (como o próprio emprego dos deuses pagãos mostra) das fórmulas construídas pelo paganismo" (*OPRO*, 197), também o novo tempo, a modernidade, voltaria a recorrer a uma estética que tivesse na sensibilidade pagã a sua mola-mestra.

O problema passa a ser de que maneira se atinge e se corporifica esta sensibilidade. Parece claro que a forma de acesso a estas sensações verdadeiras, capazes de permitir um encontro com o real, sejam os próprios sentidos. Isto, automaticamente, remete o paganismo e sua versão literária, o sensacionismo, a uma tradição filosófica que tem raízes, como vimos, nos pré-socráticos, mas também dialoga com o estoicismo e o epicurismo e encontra abrigo ainda no pensamento de Kant, dos empiristas e de Nietzsche.

Para além desta ou daquela concepção do mundo dos pré-socráticos, Caeiro herda deles, como tivemos oportunidade de frisar, uma atitude diante da vida, um entendimento da filosofia que não voltaria a habitar mais as mentes dos filósofos, estes "doidos", segundo *O Guardador de Rebanhos*. Já ao negar o que se poderia chamar de realidade metafísica, em favor do real concreto revelado pela matéria, Caeiro, no fundo está ecoando os estóicos. A importância desta filiação vem do fato de que desta postura diante da realidade Caeiro depurará aquele embate que está no centro de sua poesia – o conflito do signo com o seu objeto. Isto porque, como bem observa François Châtelet,

devemos agradecer aos estóicos por terem sido os primeiros a descobrir (será preciso esperar Frege, no fim do século XIX, para refazer essa descoberta) que a linguagem não visa às coisas diretamente, mas através de um conteúdo de significação (o "sentido" de Frege, o "significado" ou "exprimível" dos estóicos), que é a maneira convencional e eventualmente equívoca pela qual uma coisa ou um estado de coisas são designados[8].

Como só reconhecem a realidade que não é metafísica, os estóicos se debatem com um problema que aflora também da leitura de *O Guardador de Rebanhos* – o do "estatuto dos significados". Segundo Châtelet,

os estóicos darão a essa questão a única resposta que é coerente com o seu sistema: os exprimíveis são incorpóreos, logo não-seres

8. *História da Filosofia-Idéias, Doutrinas*, vol. I: *A Filosofia Pagã*, Rio de Janeiro, Zahar Editores, 1973, p. 172.

[...] Os incorpóreos não são seres e, todavia, não são excluídos de uma filosofia que se quer, diríamos hoje, materialista[9].

Seria um erro, porém, pensar numa correspondência integral entre Caeiro e os estóicos. Em primeiro lugar, porque existia entre os estóicos a noção de que o homem deveria pautar suas ações, sua ética, em harmonia com a ordem que caracterizaria o Cosmo, o Todo, do qual ele seria uma parte. Mais do que isso, o estoicismo, como observa Châtelet[10], não enxergava a verdade nas proposições, como os aristotélicos, e nem na sensação, crença dos epicuristas, mas sim na representação. Isto cria um abismo evidente, entre Caeiro e os estóicos – e o aproxima dos epicuristas. A filosofia de Epicuro abominava o universal, desconfiava das definições gerais e se pautava apenas pela sensação. Como Caeiro, os epicuristas acreditavam que as sensações serão sempre verdadeiras se não comportarem subjetividades. Além disso, a filosofia de Epicuro dispensa o exprimível ou significado dos estóicos porque acredita que as coisas podem falar por si mesmas. Châtelet argumenta, porém, que,

se Epicuro faz da sensação o fundamento de todo o conhecimento, ele não reduz por isso todo conhecimento à sensação: lembrando talvez dos argumentos que justificavam no *Menon* de Platão a teoria da reminiscência, observa que não poderíamos reconhecer nem nomear nenhum objeto se não tivéssemos em nosso espírito uma certa "antecipação" de sua forma. Tais antecipações da percepção são o que ele chama de prolepse[11].

De qualquer modo, a reminiscência parte de uma experiência sensível, "não explicando Epicuro como

9. *Ibidem*, p. 172.
10. *Ibidem*, p. 174.
11. *Ibidem*, p. 183.

pode se constituir, na ausência de prolepse, a percepção absolutamente primeira de um objeto"[12].

Ao procurar a saída para este problema, Kant acaba elaborando uma teoria do conhecimento com o qual Caeiro também dialoga. "Não há dúvida de que o nosso conhecimento começa com a experiência; do contrário, por meio do que a faculdade de conhecimento deveria ser despertada para o exercício senão através de objetos que toquem nossos sentidos", sustentava Kant[13], para quem aquilo que concorda com as condições da experiência, isto é, da sensação, é real.

Naturalmente, ao escrever isto, ele estava pensando naquilo que chamou de conhecimento empírico, ou *a posteriori*, que se opõe ao conhecimento puro, ou *a priori* – sendo o primeiro, como se sabe, vinculado aos aspectos fornecidos pela experiência, o que lhe dá um caráter de singularidade: e o segundo, independente, em princípio, de quaisquer dados colhidos pelo sensível, ou seja, dotado de características universais. Esta sombra de Kant em Caeiro, aliás, começa a ser investigada. "Sensação é para Pessoa (Caeiro) um sinônimo de realidade, o que parece assinalar uma influência kantiana", observa o mexicano Andrés Ordóñez, por exemplo[14]. Ordóñez vê a ascendência do filósofo ale-

---

12. *Ibidem*.
13. "Crítica da Razão Pura", *Kant*, vol. I, Coleção Os Pensadores, São Paulo, Abril Cultural, 1980, p. 23.
14. *Fernando Pessoa, Un Místico Sin Fe*, Cidade do México, Siglo Veintiuno Editores, 1991, p. 62. (Todas as citações ao ensaio de Ordóñez no presente texto foram retiradas da edição mexicana de sua obra. Assinale-se, contudo, que em 1994, o livro de Ordóñez, com seu título original, foi publicado no Brasil pela editora Nova Fronteira, do Rio de Janeiro). Como o ensaísta mexicano acredita que Kant tenha "oxigenado" as vanguardas do início do século – já que admitia também, como o cubismo, por exemplo, uma percepção da realidade "enquanto produto de uma faculdade humana e não somente como uma estrutura exterior, (da qual seria) totalmente independente" – não lhe é difícil atribuir ao filósofo um peso suplementar

mão sobre o poeta português até mesmo na própria utilização do termo "heteronímia". Segundo ele, é "conveniente reparar na semelhança fonética entre heteronímia e heteronomia, tempo que Kant em seu *Fundamentação da Metafísica dos Costumes*, de 1785, opõe ao de autonomia"[15]. Note-se, porém, que a aproximação Kant-Caeiro se dá sobretudo ao nível do conhecimento *a posteriori*. O que *O Guardador de Rebanhos* rejeita é o conhecimento *a priori* – embora os juízos sintéticos *a priori* só sejam possíveis porque, de acordo com Kant, o que é universalmente verdadeiro está implicado nas condições do sensível, quer dizer, da experiência. Ao contrário de Kant e até mesmo dos epicuristas, Caeiro atribui à sensação todo o fundamento do conhecimento do real.

Ordóñez ressalta também uma aproximação entre o poeta e o empirismo inglês, "particularmente Locke e Berkeley". Para o mexicano,

quando Pessoa fala da missão do artista de expressar aquelas emoções próprias que são dos outros e quando trata da obrigação da arte de conjugar o singular e o geral, imediatamente me vem à mente a doutrina da abstração enunciada por John Locke no seu "Ensaio Sobre o Entendimento Humano", comentada por George Berkeley em seus "Princípios do Conhecimento Humano". Diz Locke: "Temos considerado até aqui aquelas idéias a cuja recepção a mente é meramente passiva, quer dizer, as idéias simples, as que se recebe da sensação e da reflexão; a mente não pode ter nenhuma idéia que não consista totalmente dela. Porém, ainda que a mente seja totalmente passiva, na

---

na postura moderna de Fernando Pessoa. "Dissemos que o criticismo kantiano oxigenou a vanguarda, por isso não é de se estranhar a conexão do sensacionismo com aspectos teóricos e técnicos do cubismo e do futurismo: tal como o cubismo decompõe o modelo que realiza, o sensacionismo decompõe a sensação e incorpora o dinamismo futurista na negação de si mesmo, afirmando assim a existência simultânea de uma multidão de elementos contraditórios", escreve Ordóñez (*op. cit.*, p. 67).

15. *Ibidem*, p. 66.

recepção de todas as suas idéias simples, ela executa vários atos próprios e assim, com as idéias simples, como material e fundamento, elabora outras"[16].

Caeiro também encontra ressonância para sua obra no pensamento de Thomas Hobbes.

No que se refere aos pensamentos do homem, considerados isoladamente, constituem, cada um deles, uma representação ou aparência de alguma qualidade, ou outro acidente de um corpo exterior a nós, o que comumente se chama um objeto, o qual atua nos olhos, nos ouvidos e em outras partes do corpo do homem e pela forma diversa como atua produz aparências diversas. A origem de todas elas é aquilo que denominamos sensação (pois não há nenhuma concepção no espírito do homem que primeiro não tenha sido originada, total ou parcialmente, nos órgãos dos sentidos),

escreveu Hobbes no capítulo inicial de *Leviatã*[17]. Esta colocação corresponde ao mesmo princípio caeiriano de não atribuir a nada que seja estranho aos sentidos qualquer tipo de fundamento, afinal, insista-se:

> Os poetas místicos são filósofos doentes,
> Porque os poetas místicos dizem que as flores sentem
> E dizem que as pedras têm alma
> E que os rios têm êxtase ao luar.
> Mas [as-113] flores, se sentissem, não eram flores,
> Eram gente;
> E se as pedras tivessem alma, eram cousas vivas, não eram pedras;
> E se os rios tivessem êxtases ao luar,
> Os rios seriam homens doentes (*OP*, XXVIII, 219)

Para Segolin, versos como estes, "onde o subjetivismo da poesia tradicional é posto em questão" lembram "o comportamento contestador de Nietzsche em

---

16. *Ibidem*, p. 65.
17. Coleção Os Pensadores, São Paulo, Abril Cultural, 1983, p. 9.

face da metafísica tradicional, aferrada ao racionalismo, ao arcabouço lógico e pretendida verdade de enunciados escravizados e hábitos gramaticais consagrados, fixos e jamais postos em dúvida"[18]. Para Nietzsche, como para Caeiro, claro está que a linguagem é impotente para *representar* o real. Não há, portanto, como ensinavam os estóicos, que se confundir uma coisa com a outra.

Se a porta de entrada para o universo das sensações verdadeiras, o que equivale dizer para o "real verdadeiro", não aquele deformado pela palavra, são os sentidos; se o novo mundo dá sinais, seja através da decadência do cristianismo ou do ocaso do Romantismo, de que esta "realidade verdadeira" deva ser atingida –; e se Caeiro, o "Argonauta das sensações verdadeiras", é um poeta e não um cientista objetivista, nem um monge zen-budista[19], uma pergunta se colocaria: de que modo sua arte poderia superar o impasse que é da natureza da linguagem, a fim de que, na condição de "conversão duma sensação numa outra sensação" (*OPRO*, 426), atingisse o real propriamente dito, isto é, sem intermediários ou signos?

---

18. "Caeiro e Nietzsche: Da Crítica da Linguagem à Antifilosofia e à Antipoesia", *op. cit.*, p. 253.

19. Embora no seu *Fernando Pessoa – Aquém do Eu, Além do Outro* (São Paulo, Martins Fontes, 1982) Leyla Perrone-Moisés – seguindo uma linha de raciocínio desenvolvida inicialmente por Benedito Nunes em *O Dorso do Tigre* (São Paulo, Perspectiva, 1976, Debates 17) – estabelece as conexões entre a poesia de Alberto Caeiro e o zen-budismo. Luís de Sousa Rebelo (*op. cit.*, p. 49), diz que as afinidades que possam existir entre Caeiro e o budismo e/ou o taoísmo são as mesmas que com estes tem o estoicismo que, até certo ponto, foi veículo e elo cultural entre eles e o Ocidente. Rebelo atribui erroneamente a Armando Martins Janeira o pioneirismo na vinculação entre a poética caeriana e o zen, tema de "Zen Nella Poesia di Pessoa" (*Quaderni Portoghesi*, Pisa) publicado, no entanto, somente em 1977, ou seja, um ano após o lançamento do livro de Benedito Nunes.

Da Sensação à Sensação

Também Aristóteles intuía que a arte, assim como a ciência, vem aos homens "através da experiência, porque a experiência, como afirma Polos, e bem, criou a arte, e a inexperiência, o acaso"[20]. Do mesmo modo, o filósofo acreditava que

> duas causas, e ambas naturais, geram a poesia. O imitar é congênito no homem (e nisso difere dos outros viventes, pois, de todos, é ele o mais imitador, e, por imitação, aprende as primeiras noções), e os homens se comprazem no imitado[21].

Ora, e o que pressupõe a poesia de Caeiro? Em primeiro lugar, como vimos há pouco, *O Guardador de Rebanhos* encerra uma visão de mundo que privilegia o papel da experiência, numa aproximação com os estóicos, o epicurismo, os empiristas, Kant e Nietzsche. Por outro lado, ao renegar uma poética "doente", como a dos poetas místicos, e uma religião subjetivista, o cristianismo – tudo isso em favor de uma poesia que se pretende crua e uma crença religiosa tão plural quanto a natureza, o paganismo –, a obra de Caeiro se reportaria à própria origem da arte poética. Noutras palavras, sua poesia pretenderia "imitar" através do aprendizado levado a efeito pela experiência. Insista-se com Hobbes: "Não há nenhuma concepção no espírito do homem que primeiro não tenha sido originada nos órgãos dos sentidos"[22].

Duas questões decorreriam desta conclusão: *1.* O que é que a poesia de Caeiro pretenderia imitar? *2.* Seria esta a primeira vez que um poeta se propunha a tais objetivos?

---

20. "Metafísica", *Aristóteles*, vol. II, Coleção Os Pensadores, São Paulo, Abril Cultural, 1979, p. 11.
21. "Poética", *op. cit.*, p. 243.
22. *Op. cit.*, p. 9

Aparentemente, Caeiro não quer imitar nada: sua poesia teria por função apenas descrever um estado de espírito tal que o poeta desfruta. Claro está, porém, o seguinte: ao ressaltar que versos como

> Quem me dera que a minha vida fosse um carro de bois
> Que vem a chiar, manhãzinha [manhaninha-106] cedo, pela estrada,
> E que para de onde veio volta depois
> Quase [Quasi-106] à noitinha pela mesma estrada (*OP*, XVI, 214)

que versos como estes, dizíamos,

> Separam-se de tudo o que eu penso,
> Mentem a tudo o que eu sinto,
> São do contrário do que eu sou... (*OP*, XV, 214)

Caeiro admite que sua obra quer, de algum modo, exemplificar sua forma de viver, quer ser como ela. E qual era esta forma de viver? Sem subjetividades. Sua aspiração é atingir o real tal como ele é, sem a mediação das idéias ou da impressão espiritual. E isto só será possível através de uma única porta: a dos sentidos. Só eles são capazes de transformar o poeta no "Argonauta das sensações verdadeiras", o capitão do real.

Naturalmente, a proposta de imitar seu objeto com base na experiência real não é exclusiva de Caeiro. Ao contrário, como vimos, ela é mesmo um dos suportes em que se baseia a definição histórica de literatura, de poesia. O que distinguiria, portanto, a poesia de Caeiro? O que haveria, insistimos, de particular em sua voz? Ora, o que a "autêntica poesia"[23] vinha fazendo, ao que ela se prestava, era servir de veículo para que o homem

---

23. Com esta expressão estamos querendo retirar do caminho de nossa exegese certas poéticas degeneradas, como as fundamentadas pelo realismo socialista ou pelo nazifascismo, meros instrumentos de propaganda de regimes totalitários.

pudesse conhecer sensivelmente *aspectos* do real[24] – estivessem eles relacionados com a origem mitológica de comportamentos humanos (tema da poética trágica, por exemplo) ou mesmo com as mudanças decorrentes do mundo moderno (exploradas pelo Futurismo). Caeiro, no entanto, vai surgir justamente para dispensar este veículo de acesso sensível ao real. É isto que fará diferente a sua voz. Trata-se de uma poesia ocupada em cantar um mundo onde poemas já se tornaram desnecessários. Uma poesia para acabar com a poesia. Uma poesia que já nem quer imitar, mas diluir-se de tal modo no seu objeto, as sensações verdadeiras, que passe a ser exatamente isso – as sensações verdadeiras.

Analisando a poética caeiriana sob este ângulo, pode-se compreender melhor a razão pela qual Álvaro de Campos via em Caeiro, como dissemos anteriormente, não um poeta pagão, mas o próprio paganismo feito poeta – a seu modo, é claro, ou seja, na forma de antivate, posto que de outra maneira se criaria aqui um evidente paradoxo. Isto porque, no cristianismo, a intermediação é uma questão de base. Esta postura está clara, por exemplo, em Santo Agostinho. Em *A Cidade de Deus Contra os Pa-*

---

24. Deve-se ressaltar esta limitação já que, de acordo com a semiótica peirceana, nenhum sistema de significação representará seu objeto em todos os seus sentidos. Isto porque, para Peirce, um "signo, ou representâmen, é aquilo que 'sob certo aspecto ou modo' representa algo para alguém" (*Semiótica*, São Paulo, Perspectiva, p. 46, Estudos 46). Este "aspecto ou modo", esclarece Peirce, diz respeito "a um tipo de idéia que eu, por vezes, denominei fundamento do representâmen. 'Idéia' deve aqui ser entendida num certo sentido platônico, muito comum no falar cotidiano; refiro-me a aquele sentido em que dizemos que um homem pegou a idéia de um outro homem; em que, quando um homem relembra o que estava pensando anteriormente, relembra a mesma idéia, e em que, quando um homem continua a pensar alguma coisa, digamos, por um décimo de segundo, na medida em que o pensamento continua conforme consigo mesmo durante esse tempo, isto é, a ter um conteúdo similar, é a mesma idéia e não em cada instante desse intervalo, uma nova idéia" (*ibidem*).

gãos – escrito entre 413 e 426, diante da crise do cristianismo provocada pela queda de Roma, que trouxe a revolta dos cristãos, os quais atribuíam à sua religião o fracasso diante das tropas de Alarico em 410 – Agostinho sentencia:

> Se, de acordo com a opinião mais provável e mais digna de confiança, os homens são todos necessariamente infelizes, enquanto permanecem sujeitos à morte, torna-se preciso procurar mediador que não seja apenas homem, mas também Deus, e por intervenção de bem-aventurada mortalidade conduza os homens da miséria mortal à imortalidade feliz[25].

Tal mediador, conclui Agostinho, será o filho de Deus feito "Cristo homem"[26].
Para escapar desta mediação de raiz, única forma de se manter sadio num mundo de doentes, Caeiro insiste em que é preciso

> ... despir-me do que aprendi,
> Procuro esquecer-me do modo de lembrar que me ensinaram,
> E raspar a tinta com que me pintaram os sentidos,
> Desencaixotar as minhas emoções verdadeiras,
> Desembrulhar-me e ser eu, não Alberto Caeiro
>
> (*OP*, XLVI, 225-226)

---

25. Petrópolis, Editora Vozes, 1990, p. 356.
26. *Ibidem*. Embute-se aí, de resto, um dos dogmas do Cristianismo, autenticado pelo Concílio de Nicéia (325), qual seja, o de que Jesus Cristo se constitui de "duas substâncias" – a *divina*, enquanto filho de Deus, e a *humana*, já que nesta forma, de acordo com o Novo Testamento, desceu à Terra – em "uma pessoa". O Deus Cristão, de acordo com a fórmula consagrada a partir de Tertuliano (160-220), teólogo de Cartago, tem uma "substância" em "três pessoas" (as que formam a Santíssima Trindade), ou seja, é uno e trinitário. Nicéia apenas intuiu que o Espírito Santo era da mesma natureza do Pai e do Filho. Foi o Concílio de Constantinopla (381) que confirmou esta postura. Santo Agostinho, deve-se ressaltar, investiu contra o paganismo grego também no seu *De Trinitate*, onde defendeu a idéia de que a Trindade é o "único" Deus verdadeiro.

O que significa "ser eu, não Alberto Caeiro"? Certamente mais do que

> um animal humano que a Natureza produziu (*OP*, XLVI, 226)

até porque, como vimos

> ... Natureza não existe (*idem*)

Quando o poeta escreve que procura não ser Alberto Caeiro, isto tem um significado concreto. Trata-se, em primeiro lugar, de um entendimento preciso da essência do processo simbólico, e, por conta disso, da negação explícita de sua conseqüência radical – a identidade sígnica correspondente.

Peirce, ao tratar da natureza do símbolo, argumenta que este é

> um representâmen cujo caráter representativo consiste exatamente em ser uma regra que determinará seu Interpretante. Todas as palavras, frases, livros e outros signos convencionais são Símbolos. Falamos em escrever ou pronunciar a palavra homem, mas isso é apenas uma réplica ou corporificação da palavra, que é pronunciada ou escrita. A palavra, em si mesma, não tem existência, embora tenha um ser real que consiste no fato de que os existentes se deverão conformar a ela. É uma forma geral de sucessão de sons ou representâmens de sons, que só se torna signo pelo fato de que um hábito, ou lei adquirida, fará com que suas réplicas sejam interpretadas como significando homem[27].

O símbolo "Alberto Caeiro" não tem existência própria, ainda que no plano objetivo haja um ser ao qual ele se imante. Ora, se o poeta descrê de qualquer realidade que não seja aquela que lhe proporcionam as sensações, tornar-se-á inconcebível que aceite qual-

---

27. *Semiótica*, p. 71.

quer tipo de representação, no sentido peirceano do termo[28], sobretudo em relação a si mesmo.

Não aceitar representar-se significa negar uma identidade sígnica. O poeta será assim apenas um "animal humano", como escreveu, mas não criado pela Natureza, porque esta nem existe, e sim pelas sensações. E a poesia deste animal sensacionista, pretendendo ser não um conjunto de representâmens cuja existência real é nula – caso dos sistemas de significação simbólicos –, mas sim as próprias sensações, acabará reduzida a ele mesmo, o animal sensacionista, isto é:

...nem sequer [...] homem
Mas [...] como quem sente... (*OP*, XLVI, 226)

Noutras palavras: o caminho percorrido por Alberto Caeiro e sua poesia vai da sensação à sensação, exatamente como teorizava o manuscrito sem assinatura e datado de um incerto 1916 já aqui mencionado: "Toda a arte é a conversão duma sensação numa outra sensação". Já que constitui a conversão de uma sensação numa outra sensação, e tendo em vista o modo como isto se operacionaliza, tal como explicamos, a poética caeiriana nega a mediação sígnica para si e, por extensão, para o seu criador. Haverá, portanto, um conceito de poesia-homem que não cabe no universo simbólico peirceano? Como rejeita o signo, tal conceito faz o mesmo, por extensão, em relação ao Interpretante. Isto equivale dizer que, por definição, ele exclui a continuidade do processo de significação – ou seja, caracteriza assim um impasse sígnico, pensando em termos gerais,

---

28. Isto é, "estar em lugar, estar numa tal relação com um outro que, para certos propósitos, é considerado por alguma mente como se fosse esse outro" (*Semiótica*, p. 61.).

a partir do impasse poético, na esfera particular que estamos estudando.

O impasse poético, como dissemos antes, traz à tona um impasse exegético: como analisar o resultado de uma poesia assim diluída em seu próprio poeta, levando-se em conta seu desprezo pela análise? É forçoso aqui abrir um parêntese para que nos debrucemos sobre a trajetória da crítica pessoana que, seja em sua versão genético-biográfica, seja na vertente textual, privilegiou o estudo dos heterônimos e do poeta ortônimo sob uma perspectiva integradora. O presente trabalho, porém, conforme dissemos antes, depois de estudar como e por que críticos genético-biográficos e seguidores da corrente textual optaram pela análise globalizante da produção posta em cena por Fernando Pessoa, demonstrará as razões pelas quais acreditamos que a poesia de Caeiro comporta uma abordagem *textual* e *individualizada*.

Não se trata, como veremos, de uma mera escolha exegética, mas sim de uma imposição do próprio objeto de estudo. Do mesmo modo que se pode falar de uma perfeita correspondência entre Fernando Pessoa e a corrente genético-biográfica, de inspiração psicanalítica, ou mesmo em relação à vertente textualista, também se revelará pertinente o par *exegese textual-Caeiro*. Isto porque, sobretudo neste caso, pode-se falar numa perfeita integração entre objeto de estudo e método de apreendê-lo. Ao tratar deste problema, Lucrécia Ferrara argumenta que "o método deve transcender o objeto para poder apreendê-lo: porém, apenas quando dessa apreensão ainda sobram vestígios de pergunta pode-se ter a certeza de que foi superado o preconceito metodológico"[29]. Noutras palavras, para Lu-

---

29. *A Estratégia dos Signos*, São Paulo, Perspectiva/Secretaria de Estado da Cultura, 1981, p. XIII [Estudos 79].

crécia método e objeto devem se refletir e "criativamente" descobrir-se. É o que ocorre entre Caeiro – ele mesmo e a crítica textual, como se verá no próximo capítulo – não sem antes analisarmos os caminhos que tomou a exegese pessoana.

3. DO EGO AO *ÉRGON*

onde se persegue o texto da mente ao texto

57.

Desencontrar as minhas emoções verdadeiras
E ser eu, não Alberto Caeiro,
Mas com [*raçoes*] [*naturaes*] [*especial*] que a Natureza produziu...
                    [immediato]
E assim a meu, querendo sentir a Natureza, até como um [bem seguir]
Mas como quem pertence á Natureza, e mais nada... [claramente]
E sentir sereno, ora bem, ora mal,
Ora acertando com o que quero dizer, ora errando,
Cahindo aqui, levantando-me acolá,
Mas indo sempre no meu caminho como um cego teimoso...

Ainda sendo, sem alguem...
Sou o Descobridor da Natureza,
Sou o Colombo dos sensações verdadeiras.
Trago ao Universo um novo universo.
Christo, que [se] [*combater*] com as almas, não fez tanto.

Isto sinto e isto sereno
Perfeitamente lucido e sem esquecer
Que são ainda horas [*começando*] amanhecer
E que o sol, que ainda não mostrou a cabeça
Por cima do muro do horizonte,
Ainda assim já se lhe veem as pontas dos dedos
Agarrando o cimo do muro
Do horizonte cheio de montes baixos...

[10-5-1914]

XLVII

N'um dia excessivamente nitido,
Dia que dava a vontade de ter trabalhado muito
Para n'elle não trabalhar nada.
Entrevi, como uma estrada atravez de arvores,
O que talvez seja o Grande Segredo,
Aquelle Grande Mysterio de que os poetas falsos fallam

Do ponto de vista psiquiátrico, sou um histero-neurastênico.

Estes poemas de Caeiro, os de Ricardo Reis e os de Álvaro de Campos [...] há simplesmente que os ler como estão, que é aliás como se deve ler.

Fernando Pessoa

...preciso usar da linguagem dos homens.

Alberto Caeiro

Uma Obra no Divã

É compreensível que até recentemente a crítica dedicada à produção poética colocada no palco literário por Fernando Pessoa tivesse privilegiado aspectos relativos à personalidade do poeta português em detrimento de uma atenção maior à sua obra enquanto texto concreto. Contribuíram para a afirmação dessa corrente exegética – ocupada em ''captar, no texto e no contexto concomitantemente estudados e postos em relação, os indícios biográficos, epocais, temáticos e estilísticos'' os quais permitissem ''interpretar, explicar e justificar o insólito heteronimismo do poeta"[1] – pelo menos dois fatores: *a.* O perfil psicológico de Pessoa; *b.* Solidificação do instrumental psicanalítico no que se referia à análise das condutas humanas.

Ao discorrer sobre sua própria condição psíquica, numa carta de 1919 dirigida a Hector e Henri Durville, dois psiquiatras franceses, Pessoa não hesita em afirmar: "Do ponto de vista psiquiátrico sou um histero-neurastênico [...] Na minha vida comigo mesmo, tenho toda a instabilidade de sentimento e de sensações" (*OPRO*, 57-58). Embora nesta época o poeta ressalte que "nas coisas intelectuais" tinha opiniões "firmes" – ao contrário do que ocorria em outras instâncias da vida –, em 1930, num possível prefácio, citado antes neste trabalho, escrito para uma suposta publicação de suas obras completas, ele já admitia:

> Não sei se [por] privilégio ou doença, o autor destas linhas nunca teve uma só personalidade, nem pensou nunca, nem sentiu, senão dramaticamente, isto é, numa pessoa, ou personalidade, suposta, que mais propriamente do que ele próprio pudesse ter esses sentimentos. [...] O autor humano destes livros não conhece em si próprio personalidade nenhuma. E a cada personalidade mais demorada que o autor destes livros conseguiu viver dentro de si, ele deu uma índole expressiva, e fez dessa personalidade um autor, com um livro, ou livros (*OPRO*, 82).

Ou seja, a esta altura estava claro para ele que até mesmo a esfera intelectual se rendera a uma inconstância que decorria da pluralidade de personalidades que conviviam no seu interior. Vasculhando a memória, como deixou claro numa carta de 1935 enviada a Adolfo Casais Monteiro, Pessoa detectaria, já na infância, a necessidade de criar em torno de si um mundo

---

1. Fernando Segolin, *As Linguagens Heteronímicas Pessoanas: Poesia. Transgressão. Utopia*, p. 5.

fictício, "amigos e conhecidos que nunca existiram" (*OPRO*, 95), que depois se desdobraria em "subpersonalidades de Fernando Pessoa ele-mesmo" (*OPRO*, 93). Na mesma carta, retomando o que escrevera em 1919 aos psiquiatras franceses, Pessoa afirma:

> A origem dos meus heterônimos é o fundo traço de histeria que existe em mim. Não sei se sou simplesmente histérico, se sou, mais propriamente, um histero-neurastênico. Tendo para esta segunda hipótese [...] Seja como for, a origem mental dos meus heterônimos está na minha tendência orgânica e constante para a despersonalização e para a simulação (*OPRO*, 95).

Ora, se o próprio Pessoa fazia a conexão entre o processo de dramatizar-se[2], que redundava em heterô-

---

2. A insistência de Pessoa em se definir como um "poeta dramático" tem suscitado estudos sobre o papel de dramaturgos no processo heteronímico. No ensaio "Fernando Pessoa e William Shakespeare: Um Estudo Comparativo de Heteronímia" (*Actas do IV Congresso Internacional de Estudos Pessoanos – Secção Brasileira*, vol. I, pp. 13-21), Alexandrino E. Severino argumenta que "existe uma relação entre a criação das personagens shakespearianas e a concepção dos heterônimos". Para ele, "não há dúvida que a obra dramática de William Shakespeare foi a fonte, não só da distinção que o poeta fez entre a poesia de variedade e a poesia de construção, mas também a fonte de seu processo dramático". Severino ressalta, no entanto, que "foi de propósito que Fernando Pessoa colheu de Shakespeare as figuras e não as ações de um drama. Para ele, assim como para toda a crítica inglesa da segunda metade do século XIX, a crítica vitoriana, Shakespeare era mais importante pelas personagens que criava do que pela estrutura dramática de sua obra". Com Caeiro, sustenta Severino, Pessoa supera Shakespeare em seu exercício de despersonalização, uma vez que o autor de *O Guardador de Rebanhos* construíra uma obra "caracterizada por uma auréola de além-mundo", isto é, marcada por experiências que só poderiam ser vividas "pela imaginação". Neste sentido, Caeiro estaria mais próximo, ainda no âmbito da poesia inglesa, à obra de Samuel Taylor Coleridge. A esta altura de seu ensaio, Severino observa, como também faríamos, que "as relações e afinidades entre as obras de Alberto Caeiro e Samuel Coleridge, assim como todas as implicações que advêm dessa comparação, merecem um longo e aprofundado estudo, que escapa ao âmbito [no nosso caso, ao interesse] deste trabalho". Barthes, no seu *Théorie d'Ensemble* (1969), como bem observa Seabra (*op. cit.*, p. XIX), explica que drama e poema são termos "muito próximos, ambos procedentes de verbos

nimos, e seu perfil psicológico, compreende-se que os primeiros críticos que se empenharam em analisar sua obra, depois dele mesmo, tenham visto neste caminho a solução para a interpretação de tal produção literária. A questão passaria a ser que teoria empregar para explicar a condição de histero-neurastênico do poeta e sua mais evidente conseqüência, isto é, a poesia heteronímica. Em fins da década de 20 e início dos anos 30 – época em que a crítica genético-biográfica começa a atuar[3] – Sigmund Freud já havia estabelecido a maior parte dos conceitos que manteriam a psicanálise de pé, tais como a divisão tripartite da mente, através das instâncias do Id, Ego e Superego, o Complexo de Édipo e a primazia do Inconsciente sobre o Consciente na conformação da conduta humana. A esta altura, a psicanálise ultrapassara o estágio de técnica terapêutica e se firmara como teoria da personalidade e do próprio desenvolvimento histórico. Em um livro publicado precisamente na virada dos anos 20/30, *O Mal-Estar na Civilização*, Freud já analisava o choque entre as exigências do processo civilizatório e a natureza animal do homem – o que dá bem a medida do arco de influência que a psicanálise então exercia.

Para um crítico do porte João Gaspar Simões, por exemplo, bastava lançar mão da psicanálise enquanto teoria da personalidade para que a obra pessoana como

---

que significam fazer" – o que, por si só, já relacionaria a conexão entre os poetas heteronímicos e a criação dramática propriamente dita. Esta "identidade", no entanto, "bifurca-se em dois sentidos opostos: o fazer do drama é interior à história, é a ação prometida à narrativa [...] O fazer do poema [...] é pelo contrário exterior à história, é a atividade de um técnico que agrupa elementos a fim de construir um objeto" (Barthes, *apud* Seabra, *ibidem*).

3. Pessoa responde à análise que João Gaspar Simões – o pioneiro daquela corrente – faz a seu respeito numa carta datada de 11 de dezembro de 1931 (*OPRO*, 61-68).

que "se revelasse". Com uma história de vida com as características da sua, o "eu" reconhecidamente fragmentado, a "sexualidade frustrada", Pessoa poderia ser considerado, aos olhos de Simões, uma espécie de poeta-modelo para se deitar no divã litero-psicanalítico. Assim, desde suas primeiras análises sobre o poeta português até o clássico *Vida e Obra de Fernando Pessoa – História duma Geração* (Lisboa, Bertrand, 1950), Simões esmerou-se num "freudismo tomado demasiado à letra e condenado pelo próprio poeta"[4], no qual

> o obsessivo apego à idade de ouro da infância e certo edipianismo de raiz, agravado pela perda prematura do pai e pelo segundo casamento da mãe, são continuamente invocados para servir de sustentáculo à reconstituição interpretativa da obra pessoana em sua globalidade[5].

Note-se que Pessoa reagiu com veemência a este apelo psicanalítico de Simões – mais ao apelo do que à psicanálise. Na carta que dirigiu ao crítico, o poeta observa que Freud "é em verdade um homem de gênio, criador de um critério original e atraente, e com o poder emissor derivado de esse critério se ter tornado nele uma franca paranóia de tipo interpretativo" (*OPRO*, 63), o que explicaria o fato de funcionar como um autêntico guia de Simões, mas não rumo à lucidez crítica, e sim em direção ao "labirinto". Para Pessoa,

> o Freudismo é um sistema imperfeito, estreito e utilíssimo. É imperfeito se julgamos que nos vai dar a chave, que nenhum sistema nos pode dar, da complexidade indefinida da alma humana. É estreito se julgamos, por ele, que tudo se reduz à sexualidade, pois nada se reduz a uma coisa só, nem sequer a vida intra-atômica. É

---

4. Fernando Segolin, *As Linguagens Heteronímicas Pessoanas: Poesia. Transgressão. Utopia*, p. 6.
5. *Ibidem*.

utilíssimo porque chamou a atenção dos psicólogos para três elementos importantíssimos na vida da alma: o subconsciente e a nossa conseqüente qualidade de animais irracionais; a sexualidade; e o que poderia chamar de translação, ou seja, a conversão de certos elementos psíquicos em outros (*OPRO*, 63).

Pode-se argumentar que a crítica não existe para fazer as vontades dos criadores e, nesse caso, pouco importaria o fato de que Pessoa condenasse o freudismo de Simões. Mas o "autêntico malogro" da leitura biográfico-psicanalítica da obra do poeta português empreendida por Simões e outros[6] não se deve ao fato de que o próprio Pessoa considerasse inadequado buscar em Freud interpretação para a sua produção literária, embora ele mesmo admitisse que o fenômeno da heteronímia tivesse um caráter também psíquico. A limitação deste tipo de análise nascia do fato de que, concentrada no caso dos heterônimos – o qual pretendia explicar do ponto de vista psíquico, para, a partir daí justificar a obra pessoana – ela se mantinha distante da produção textual propriamente dita. Até mesmo críticos como Jacinto do Prado Coelho, autor do pioneiro *Diversidade e Unidade em Fernando Pessoa*

---

6. Nesta linha interpretativa, Segolin (*As Linguagens Heteronímicas Pessoanas: Poesia. Transgressão. Utopia*, p. 6) destaca um outro ensaio de Alexandrino E. Severino (v. nota 2), *Fernando Pessoa na África do Sul* (2 vols., Marília, Faculdade Filosofia, Ciências e Letras, 1969/1970), produto de uma tese de doutoramento na Cadeira de Literatura Portuguesa da Vanderbilt University (1966). Nela, explica Segolin, Severino "tenta reconstituir a trajetória da existência infantil e adolescente do poeta em Durban, com o fito de identificar marcas que explicariam e justificariam certos aspectos de sua obra poética futura". Segundo Segolin, "merece igualmente destaque, nesta linha de análise, a obra de Eduardo Freitas da Costa, *Fernando Pessoa – Notas a uma Biografia Romanceada* (Lisboa, Guimarães Ed., 1951), em virtude dos oportunos reparos que faz à leitura, por vezes nada ortodoxa, que Gaspar Simões procura desenvolver da grafia existencial controvertida, e em muitos pontos, obscura, inscrita pelo homem/pessoa nos documentos que deixou e na memória daqueles que com ele conviveram".

(Lisboa, Editorial Verbo, 1949) ou Mário Sacramento, o ensaísta de *Fernando Pessoa, Poeta da Hora Absurda* (Porto, Editorial Inova, 1959), que não recorreram ao expediente psicanalítico, em suas respectivas obras, para analisar a produção pessoana, ocuparam-se em buscar uma raiz que explicasse o fenômeno heteronímico – deixando de lado o texto poético propriamente dito. Jacinto estava convencido de que existia uma "essência", na "aparente" diversidade da produção heteronímica/ortônima. Para ele, uma mesma base temática percorria toda a obra das personagens e do Pessoa-ele mesmo, de modo que a heteronímia na verdade se configuraria numa espécie de fantasia do poeta. Já Sacramento detectava a raiz heteronímica no plano histórico-social em que Pessoa vivia. Homem de seu tempo, Pessoa só poderia mesmo buscar romper com o "dogma da personalidade".

Ora, qualquer crítica literária que não se apegue primordialmente à produção textual da obra sobre a qual se debruça jamais conseguirá nada além de uma abordagem parcial de seu objeto de estudo. Poderá descobrir as razões psíquicas ou biográficas que inspiraram o trabalho em questão, mas continuará incapaz de desvendar sua essência, isto é, de apreendê-lo em sua condição de *objeto literário*.

Pessoa, como vimos, tinha isto bem claro.

> Por qualquer motivo temperamental que me não proponho analisar, nem importa que analise, construí dentro de mim várias personagens distintas entre si e de mim, personagens essas a que atribuí poemas vários que não são como eu, nos meus sentimentos e idéias, os escreveria. Assim têm estes poemas de Caeiro, os de Ricardo Reis e os de Álvaro de Campos que ser considerados. Não há que buscar em quaisquer deles idéias ou sentimentos meus, pois muitos deles exprimem idéias que não aceito, sentimentos que nunca tive. Há simplesmente que os ler como estão, que é aliás como se deve ler,

escreveu o poeta (*OPRO*, 87). A "paranóia interpretativa" de cunho psicanalítico ou pelo menos de caráter heteronímico não fornecia a seus seguidores instrumentos adequados e nem despertava o interesse para que o mais importante elemento de uma obra literária, seu texto, fosse tomado em si mesmo. O resultado foi o aparecimento de títulos que podem ainda hoje figurar entre aqueles de maior importância já lançados sobre o escritor português, caso da biografia de Simões – considerada por biógrafos pessoanos do porte do espanhol Ángel Crespo, autor do equilibrado *La Vida Plural de Fernando Pessoa*[7], como a obra biográfica fundamental sobre FP, "não obstante as discussões e correções que suscitou" –, mas insuficientes na hora de dar conta da produção textual do poeta.

Esta combinação de elementos, ou seja, a insuficiência da corrente genético-biográfica e, apesar de tudo, o repúdio de Pessoa a tal abordagem crítica em favor de uma leitura capaz de considerar os poemas "como estão", isto é, em sua natureza textual, esta combinação, dizíamos, foi a responsável pelo surgimento de uma vertente preocupada com a linguagem pessoana em sua dimensão mais concreta. Vejamos os caminhos percorridos por essa orientação exegética.

Uma Obra na Oficina

É unânime a opinião de que a crítica textual pessoana nasceu com o ensaio "Os Oxímoros Dialéticos de Fernando Pessoa" (1968), assinado por Roman Jakobson em colaboração com Luciana Stegagno Picchio. Neste trabalho, depois de considerar "imperioso

---

7. Barcelona, Seix Barral, 1988. O livro foi publicado no Brasil, com seu título original, em 1990, pela editora Bertrand, do Rio de Janeiro.

incluir Pessoa no rol dos artistas mundiais nascidos no curso dos anos oitenta: Picasso, Joyce, Braque, Stravinski, Khliébnikov e Le Corbusier, (pois) todos os traços típicos dessa grande equipe encontram-se condensados no grande poeta português"[8], Jakobson como que justifica a nova corrente que, sem mencionar, está criando. Segundo ele, "Pessoa deve ser colocado entre os grandes poetas de estruturação, (porque) estes, na opinião dele próprio, 'são mais complexos naquilo que exprimem, porque exprimem construindo, arquiteturando e estruturando' "[9]. É precisamente dentro desta característica de "estruturação", em que se apóia a criação pessoana, que Jakobson atuará como crítico. O objeto de estudo de seu trabalho é o poema "Ulysses" (incluído em *Mensagem*), que no ensaio passa por um processo de desconstrução capaz de revelar que "o oxímoro é a figura que o atravessa de ponta a ponta"[10]. Para Jakobson não importa por que razões psicológicas o poeta escreve que

> Em baixo, a vida, metade
> De nada, morre

Interessa-lhe demonstrar que o fato da "vida" receber como predicado a "morte" se encaixa numa estrutura maior que visa dar ao poema seu caráter de contínuo movimento oximoresco. Mesmo quando cita o aparecimento dos heterônimos, o lingüista empenha-se em analisar seus nomes "tais como estão". Escreve Jakobson:

A assinatura do mestre Ca-eir-o entra, com duas metáteses (ir-ri e eir-rei) no nome e no sobrenome "ajustados" para designar

---

8. *Lingüística. Poética. Cinema*, São Paulo, Perspectiva, 1970, p. 94 [Debates 22].
9. *Ibidem*.
10. *Ibidem*, p. 99.

o discípulo Ri-cardo Reis, e dentre as onze letras desse achado onomástico, nove (isto é, todas exceto a consoante final dos dois temas) reproduzem as de CAEIRO. Ademais, a primeira sílaba desse sobrenome e o fim do nome, Albe-rto Ca-eiro se refletem, com uma metátese, no nome do discípulo Ri-cardo [...] No nível antroponímico, esta "derivação" dá aos dois nomes, Al-berto e Ál-varo, assim como aos dois sobrenomes, Ca-eiro e Ca-mpos, o mesmo par de letras iniciais, enquanto que o nome do discípulo, Álvaro termina pela mesma sílaba do sobrenome do mestre, Caei-ro[11].

Ainda que se possa discordar desse impulso jakobsoniano de descobrir "palavras sob palavras", ou "nomes sob nomes" à hora de analisar a denominação dos heterônimos, não se pode deixar de enxergar aí o pioneirismo da iniciativa, em se tratando de crítica pessoana. Haroldo de Campos, em suas "Notas à Margem de uma Análise de Pessoa"[12], não hesita em afirmar que o ensaio "Os Oxímoros Dialéticos..." se constitui no exame mais rigoroso e criador jamais feito de um poema – "e, por extensão, da poética mesma" – de Fernando Pessoa.

A partir do estudo de Jakobson, a crítica centrada na análise do texto propriamente dito tomou à frente da exegese do poeta, a ponto de hoje, como observa Segolin, "o que se convencionou chamar de 'o caso Pessoa' " ter perdido importância em favor "do diálogo textual que os heterônimos pessoanos mantêm entre si, com o seu tempo e com a série literária"[13]. Além do próprio Segolin, contribuíram para este novo estágio da crítica pessoana, conforme esclarece o autor de *As Linguagens Heteronímicas Pessoanas*, nomes como os de Eduardo Lourenço, que em 1973 lançou o seu *Pessoa Revisitado – Leitura Estruturante do Drama em*

---

11. *Ibidem*, p. 96.
12. *Lingüística. Poética. Cinema*, p. 196.
13. *As Linguagens Heteronímicas Pessoanas: Poesia. Transgressão. Utopia*, p. 10.

Gente (Porto, Editorial Inova); o de José Augusto Seabra, autor do já aqui citado *Fernando Pessoa ou o Poetodrama*, publicado pela primeira vez em 1974; e ainda o de Maria Teresa Rita Lopes, autora de *Fernando Pessoa et Le Drame symboliste: Héritage et Création* (Paris, Fundação Calouste Gulbenkian/Centro Cultural Português, 1977).

É verdade que Lourenço ainda atende a certas inclinações de ordem psicanalítica em sua interpretação de Pessoa, caminho que o leva a concluir que um comportamento "rasurante" daria conta de explicar a natureza da produção poética do criador de Caeiro. Mas o livro de Lourenço salta das eventuais razões de ordem psíquica que geraram a heteronímia para mergulhar na atitude transgressora do poeta, isto é,

na questão da função e do sentido da pluralização textual, em grande parte ignorada por certa crítica, em virtude da obsessão por minimizar e até denegrir o fingido desdobramento pessoano, na ânsia de encontrar por trás das máscaras heteronímicas a unidade essencial que reintegraria sua obra nas normas do gênero[14].

Já Teresa Rita Lopes parte da máxima pessoana "o autor destas linhas nunca teve uma só personalidade, nem pensou nunca, nem sentiu, senão dramaticamente", para reconstituir a "poética dramática" de Pessoa. Depois de contextualizar o poeta no gênero dramático, em especial em relação ao drama simbolista, Teresa se lança a uma desconstrução dos personagens pessoanos, heterônimos e "candidatos" a esta condição, os quais redundariam num comportamento radicalmente dramático da linguagem de Pessoa.

O drama também anima a obra de Seabra, mas de uma forma distinta da que se lê em Teresa Rita Lopes.

14. Fernando Segolin, *As Linguagens Heteronímicas Pessoanas: Poesia. Transgressão. Utopia*, p. 13.

Enquanto ela só se ocupa em encontrar nos textos pessoanos elementos típicos do gênero dramático, Seabra vê a produção literária de Pessoa como o cenário de

> dois tipos de drama: um constituído pela obra de cada heterônimo, outro pelo conjunto da obra heteronímica. (Assim) estamos, como se vê, simultaneamente perante um drama em poemas e perante um drama em poetas: o que designaremos, pela nossa parte, respectivamente por um poemodrama e um poetodrama. Mas o que importa fundamentalmente salientar é que o drama em poeta, o poetodrama, se reconduz, na sua essência, ao poemodrama, não sendo mais do que a conseqüente proliferação numa pluralidade de sujeitos poéticos da estrutura dramática da obra, nas suas partes e no seu todo[15].

Seabra chega mesmo a ressaltar que não lhe importa o drama enquanto gênero literário. E isto, não por um mero capricho exegético. Escreve ele:

> O que se nos revela precisamente de mais original em Pessoa é o paradoxo aparente de enquanto poeta lírico, que ele é por natureza intrínseca, assumir no seu lirismo uma forma dramática sem que sua obra se vaze no gênero "drama" (o seu projeto do "Fausto" não é mais do que um drama poético frustrado, ao passo que "O Marinheiro" se apresenta, significativamente, como um "drama estático"). É com efeito alhures que temos de detectar o drama: ele reside, mais propriamente, no diálogo das linguagens poéticas no interior da obra (das obras) dos heterônimos. Este diálogo entre linguagens poéticas é por sua vez acompanhado de um diálogo entre linguagens críticas: assistimos deste modo a um debate estético entre os heterônimos, que se vão lendo sucessivamente a si mesmos e uns aos outros[16].

Note-se que Caeiro é o único a não participar diretamente destas dicussões literárias, já que, ao contrário de Reis, Campos e do próprio poeta ortônimo

---

15. *Op. cit.*, p. XIX.
16. *Ibidem.*

jamais se lança à teoria crítica, seja através de artigos na imprensa ou expedientes do tipo cartas aos amigos, prefácios etc. Isto, porém, não desautoriza Seabra em sua afirmação de que

a concepção dialógica da linguagem poética como escrita-leitura encontra nos heterônimos pessoanos uma ilustração particularmente significativa[17].

O crítico observa inclusive que seu modelo de análise encontra ressonância nos estudos desenvolvidos por Julia Kristeva a respeito de poesia, uma vez que para ela

[...] a linguagem poética escapa à linearidade (à lei) para se viver em três dimensões como drama: o que mais profundamente significa também o contrário, isto é, que o drama se instala na linguagem[18].

A conclusão do ensaio de Seabra nada tem de dogmática, ao contrário. Segundo ele, diante da pluralidade de linguagens de Pessoa, ao crítico só caberia uma postura: a ''multiplicidade de leituras''. Seabra admite que

a cada momento era grande a tentação de ter encontrado uma chave, fixado um modelo. (Mas) lá onde pensávamos tê-lo finalmente agarrado, já de todo (ele) se não encontrava: desertara, exilara-se[19].

Assim, seu trabalho

não era, afinal, mais do que uma espécie de montagem e desmontagem de sucessivos andaimes, destinados a ir desaparecendo um a um até o fim (sempre provisório), do mesmo modo que os su-

---

17. *Ibidem*, p. XIX.
18. *Pour une Sémiologie des Paragrammes*, Paris, 1974, p. 174, *apud* José Augusto Seabra, *op. cit.*, pp. XIX-XX.
19. *Ibidem*, p. 172.

cessivos planos das suas obras, arquitetados por Pessoa, se foram apagando diante dos textos dos heterônimos[20].

É verdade, como afirma Segolin[21] que, até a publicação do ensaio de Seabra, o texto de Pessoa jamais havia atingido tão completamente a condição de protagonista de um estudo exegético. Ainda assim, frisa Segolin, ali não se chegava a considerar "o caráter marcadamente experimental e transgressor da criação poética em Pessoa" e nem se explicitava a contento

> o movimento lúdico-dialógico traçado pelos textos heteronímicos em inter-relação. Por outro lado, não se chega a determinar com clareza o papel cambiante que a palavra e o texto de Pessoa procuram assumir diante do real, no afã de exorcizar a incapacidade representativa da linguagem. É a reflexão constante sobre as potencialidades representativas do signo verbal, e em relação à qual cada heterônimo encarnaria a tentativa de concretização de um caminho ou de uma possível resposta. [...] Além disto, o gesto transgressor, orientado para a produção não de um, mas de vários textos, se é responsável pela multiplicação textual, é igualmente a causa da desidentificação do eu produtor. [...] Por fim, tal transgressão, buscando abalar a confiança cega da tradição na capacidade representativa do signo poético, acaba sempre por deslocar ou anular mesmo a "topia" textual, abrindo, em conseqüência, caminhos para um além-texto, para uma "não-topia" ou "utopia", onde a poesia existiria em toda a sua pureza[22].

Ao detectar as lacunas deixadas pelo ensaio de Seabra, Segolin acaba explicitando em que frentes o seu *As Linguagens Heteronímicas Pessoanas* atuará. Ele informa:

> É exatamente a especificidade textual que o gesto transgressor assume em cada heterônimo e no *diálogo* que entre eles se estabelece, bem como a natureza do movimento de desidentifica-

---

20. *Ibidem*.
21. *As Linguagens Heteronímicas Pessoanas: Poesia. Transgressão. Utopia*, p. 17.
22. *Ibidem*.

ção/dispersão/perda do "eu" e, ao mesmo tempo, de projeção "utopizante", que vamos procurar analisar[23].

Ao final de seu estudo, Segolin conclui que "depois do gesto lúdico-transgressivo da poesia medieval, especialmente daquela de extração popular, depois da lição camoniana e do experimentalismo barroco", a poesia de Pessoa "é a primeira a assumir de maneira radical a transgressividade paragramática da linguagem poética". Segolin está convencido de que, ao ressaltar a índole dramática de sua obra, o próprio Pessoa está tentando chamar a atenção para o caráter paragramático de seus "textos-personagens". Escreve Segolin:

> Se cada um dos heterônimos tem características textuais próprias, não se pode ignorar o diálogo intertextual, marcado pelo confronto contínuo das instâncias discursivas heteronímicas. Não se trata, pois, de apenas ler cada heterônimo isoladamente, mas sim, e sobretudo, de traçar o espaço de correlações simultâneas que se estabelece entre os textos heteronímicos e que constitui a essência mesma da escritura pessoana. Por outro lado, é a movência intrínseca desse espaço dialógico a principal responsável pelo descentramento dos discursos isoladamente centrados, ou ao menos aspirantes a um centro, dos heterônimos. [...] Escritura polifônica, texto dramático, mas "dramático sem poeta", a poesia de Pessoa é o canto, para sempre oblíquo, de um não-sujeito[24].

Tal canto "dramático" colocaria em cena uma "contraditoriamente única e múltipla personagem" – a linguagem. Esta, com nomes próprios, caracterizaria cada um dos heterônimos, multiplicando-se, transformando-se em linguagens-personagens, cuja sina seria "a mesma que impulsiona qualquer linguagem: o sonho/desejo de representar o real e devolvê-lo, domado e dominado, ao homem". Como se fosse possível en-

---

23. *Ibidem*, p. 18. O grifo é nosso.
24. *Ibidem*, pp. 148-149.

contrar um "signo novo, capaz de suprir a impotência do verbo e revelar o sentido real das coisas"[25].

A exemplo de Seabra, porém, Segolin chega às últimas linhas de seu ensaio convencido de que seu objeto de estudo não se deixara apreender:

> Este trabalho outra coisa não é, nem pretende ser, que mais uma utopia crítica [...] ou seja, mais uma experiência crítica, não sobre a obra pessoana, mas antes sobre as possibilidades da crítica face ao texto escritural, isto é, face ao texto legitimamente transgressivo[26].

Noutras palavras, Segolin quer demonstrar que existe uma correspondência entre a utopia da poesia de Pessoa, em seu afã de representar o real, e a da própria exegese pessoana, que procura inutilmente apossar-se dela. "Toda crítica é um engodo", proclama.

> E o que resta ao crítico, no final deste trabalho, é uma sensação de mal-estar, fruto da certeza, que ele procura em vão desfazer, de que Pessoa, o Pessoa-texto, o Pessoa-dramático, o Pessoa-constelação, permanece inviolado, intacto[27].

Diante do "mal-estar" de Segolin, e, em certo sentido, também de Seabra, há que se fazer duas observações. Em primeiro lugar, que não se deve confundir a aparente insuficiência da crítica textual, segundo o depoimento de dois de seus mais representativos integrantes, como um problema da exegese que centra suas atenções no texto concretamente dito. A questão é que se está tratando da obra de Fernando Pessoa, que prima por negar até mesmo à crítica um papel conservador. Discorrendo sobre a função da crítica, provavelmente

---

25. *Ibidem*, p. 152.
26. *Ibidem*, p. 163.
27. *Ibidem*, p. 164.

pensando em si mesmo, Pessoa escreveu, certa vez (não se conhece a data deste texto):

> Quão competente é o crítico competente? Suponhamos que uma obra de arte profundamente original surja diante de seus olhos. Como a julga ele? Comparando-a com as obras de arte do passado. Se for original, porém, afastar-se-á em alguma coisa – e quanto mais original mais se afastará – das obras de arte do passado. Na medida em que o fizer, parecerá não se conformar com o cânon estético que o crítico encontra firmado em seu pensamento [...] Aceitará o crítico? [...] De todos os lados ouvimos o clamor de que o nosso tempo necessita de um grande poeta. [...] Se o grande poeta tivesse de aparecer, quem estaria presente para descobri-lo? Quem pode dizer se ele já não apareceu? (*OPRO*, 285)

Evidentemente, o ''grande poeta'' já havia aparecido, e não era outro senão ele mesmo. O que não existia, e Pessoa neste texto denuncia isso explicitamente, era uma crítica aparelhada para entender essa nova poesia que ele estava colocando em cena. Uma poesia que não caberia nos cânones da velha crítica. É por isso que os primeiros críticos dos heterônimos e do poeta ortônimo foram eles mesmos. No tal debate estético de que falou Seabra, configurava-se a certeza de Pessoa de que no meio em que ele vivia não era difícil que surgisse um grande poeta e a crítica não se desse conta. ''O grande poeta pode já ter aparecido; sua obra teria sido noticiada em umas poucas palavras em algum sumário bibliográfico de um jornal de crítica'', ironizou Pessoa (*OPRO*, 285).

Mesmo os novos críticos demorariam a perceber o que Seabra e Segolin tanto enfatizam: que o segredo para apreender a obra de Pessoa é justamente admitir que nenhuma rédea exegética é capaz de segurá-la por muito tempo. Daí o malogro da crítica psicanalítica. E o êxito, ao nosso modo de ver, da exegese textual, que acabou por descobrir que a única forma de analisar a obra pessoana era integrando-se completamente a ela –

objeto e método num processo de mútuo espelhamento, mas não num plano qualquer e sim, digamos, no da *função utópica*. Do mesmo modo que toda a poesia de Pessoa se baseia no questionamento da capacidade de representação, pela palavra, do real – uma utopia, naturalmente –, também sua crítica precisa estar ciente de que capturar a ela, poesia pessoana, não deixa de ser uma aspiração utópica. Deste modo, à pluralidade dos questionamentos do poder da palavra representada pelos heterônimos corresponderá uma multiplicidade de leituras – numa operação metalingüística. Não há, pois, fracasso algum. E as circunstâncias em que a crítica textual chegou ao fim de trabalhos como os de Seabra e Segolin decorreram muito mais da própria obra de Pessoa do que dos instrumentos e operadores dessa exegese. Submetida ao rigor de uma oficina crítica, a poesia pessoana acabou por transformar o funcionamento da própria oficina.

Este fato leva à segunda observação que queríamos fazer a partir das auto-análises em que Seabra e Segolin incorreram em seus respectivos estudos. Ambos os trabalhos evidenciam que é a própria poesia pessoana que embute o método de apreendê-la, e que tal método se caracteriza justamente pela possibilidade de leituras múltiplas – onde, é claro, caberiam abordagens distintas das que eles empregaram. Isto quer dizer que longe de ter fechado os caminhos que se poderia seguir para iluminá-la, a produção literária de Fernando Pessoa só fez abri-los ainda mais. Não há dúvidas de que, do ponto de vista da análise do fenômeno heteronímico tomado em sua globalidade, a partir do exame detalhado de cada heterônimo, ensaios como os de Seabra e Segolin – complementares em muitos de seus aspectos – praticamente esgotam o tema. Mas, por obediência, como vimos, à própria natureza da obra pessoana, tal como eles a revelam, ambos os ensaios deixam margem para que, a partir das reivindicações, das necessidades de cada aspecto da produção de Pessoa, se concentre um novo empreendimento exegético – como o que procuramos realizar aqui.

A Parte pela Parte

Do mesmo modo que uma função utópica, tal como a que caracteriza a produção literária pessoana, marca a exegese que se dedica a esta obra, certos traços da poesia de Caeiro sinalizam para a pertinência de um exercício de crítica textual e individualizadora. Mais do que isso, estes elementos – que denunciam o impasse exegético, criado, por sua vez, pelo impasse poético que nasce com a obra caeiriana – acabam transformando a própria corrente crítica que se debruça sobre eles em objeto de análise, auto-análise.

De todos os traços que caracterizam a poesia de Caeiro, é a metalinguagem que mais acentua a propriedade de uma abordagem textual e individualizadora. Isto porque, atuando decisivamente para criar o impasse poético, a vocação metalingüística de Caeiro conduz com naturalidade ao impasse exegético e deste para a crítica textual e particularizadora. Vejamos como isto se dá.

A obra de Caeiro, notadamente *O Guardador de Rebanhos*, como já se disse aqui, movimenta-se no limite entre poesia e reflexão poética. Noutras palavras, trata-se de uma poesia metalingüística (o que, como frisamos antes, a filia a uma tradição moderna). Leiam-se, por exemplo, os seguintes versos:

> É preciso não saber o que são flores e pedras e rios
> Para falar dos sentimentos deles.
> Falar da alma das pedras, das flores, dos rios,
> É falar de si próprio e dos seus falsos pensamentos

> Graças a Deus que as pedras são só pedras,
> E que os rios não são senão rios
> E que as flores são apenas flores.
> Por mim, escrevo a prosa dos meus versos
> E fico contente,
> Porque sei que compreendo a Natureza por fora;
> E não a compreendo por dentro
> Porque a Natureza não tem dentro;
> Senão não era a Natureza [...]
> Se às vezes digo que as flores sorriem
> E se eu disser que os rios cantam
> Não é porque eu julgue que há sorrisos nas flores
> E cantos no correr dos rios...
> É porque assim faço mais sentir os homens falsos
> A existência verdadeiramente real [verdadeira-115] das flores
>   e dos rios.
> Porque escrevo para eles me lerem sacrifico-me às vezes
> À sua estupidez de sentidos...
> Não concordo comigo mas absolvo-me,
> Porque só sou essa cousa séria, um intérprete da Natureza,
> Porque há homens que não percebem a sua linguagem,
> Por ela não ser linguagem nenhuma [...]
> Vou escrevendo os meus versos sem querer
> [...] Procuro dizer o que sinto
> Sem pensar o que sinto.
> Procuro encostar as palavras à idéia [idéa-124]
> E não precisar dum [de um-124] corredor
> Do pensamento para as palavras [...]
> O Mundo [mundo-91] não se fez para pensarmos nele
> (Pensar é estar doente dos olhos)
>
> (*OP*, XXVIII, 219; XXXI, 220; XLVI, 225; II, 205)

Neles parece claro que, ao mesmo tempo em que se põe abaixo a idéia de que a realidade possa conter algo além do que ela de fato contém – "Falar da alma das pedras/É falar de si próprio e dos seus falsos pensamentos/Graças a Deus que as pedras são só pedras" –, também se questiona uma poética que assim trate o universo: "Se às vezes digo que as flores sorriem/E seu eu disser que os rios cantam/Não é porque eu julgue que há sorriso nas flores/E cantos no correr dos rios.../É porque assim faço mais sentir os homens falsos". Para não falar da condenação explícita ao próprio ato de refletir – "Pensar é estar doente". E note-se que isto ocorre no interior de uma poesia que reflete na maior parte de seus versos.

Ao vincular a visão subjetiva do mundo a uma tradição poética e filosófica – o poema XXVIII traz versos como "Os poetas místicos são filósofos doentes/E os filósofos são homens doidos", já aqui citados – Caeiro na verdade está pondo em xeque o poder da palavra enquanto veículo para uma aproximação com o real. De seus versos conclui-se que o conhecimento do mundo, do universo, proporcionado pela poesia e pela filosofia, cujo instrumento básico é a palavra, terá sido, desde sempre, falso. Mais do que isso: ao contrário do que vão supor os demais heterônimos, Caeiro jamais admitirá que a palavra seja capaz de algo diferente a não ser representar falsamente a realidade. Isto caracterizaria o impasse poético – se a intermediação da palavra só é capaz de gerar uma visão mentirosa do real, qual a razão de ser da poesia? Ou melhor: que rumos deveria ela tomar? Por outro lado, se pensar é estar doente, o que dizer de propostas exegéticas que se apresentassem a esta poesia que denuncia a falsidade da reflexão, ainda que não pare de refletir? Este é o impasse exegético.

Ambos os impasses nos parecem indissociáveis justamente pelo caráter de crítica metalingüística que a poética de Caeiro apresenta. Por sua vez, a exegese textual demonstrou que na verdade existia uma equiparação – em nível de função utópica – entre a poesia dos heterônimos e a corrente crítica que, como ela, se apoiava nos textos concretamente ditos para analisar a produção de Fernando Pessoa. Se a poesia caeiriana se mostra assim de tal forma metalingüística, a ponto de provocar um impasse exegético a partir do impasse poético que traz embutida dentro de si mesma; e se, além disso, um tipo radical de metalinguagem[28] marca a exegese textual pessoana, parece-nos que nenhuma outra abordagem daria melhor conta de examinar a obra de Caeiro do que esta – que escapa, inclusive, do impasse que ela traz à tona. Isto porque só uma exegese que se baseasse no texto do poeta, cuja maior característica era precisamente negar o valor de todos os textos e das reflexõs sobre eles, poderia anular o impasse que seu objeto de estudo punha em cena.

Quanto à pertinência de uma análise não preocupada em enveredar também pelo diálogo intertextual, heteronímico, há, em primeiro lugar, como dissemos antes, o entendimento de que isto já fôra largamente executado. Por outro lado, do avanço desta crítica chegou-se à compreensão de que, como diria o próprio Pessoa,

> Qualquer caminho leva a toda a parte
> Cada ponto é o centro do infinito[29],

especialmente se este caminho passar por uma total diluição entre objeto de estudo e sua exegese, num processo que chamamos há pouco de "metalinguagem radical"; e se, acima de tudo, este caminho for tomado

---

28. Note-se que, apesar de, obviamente, toda a crítica literária se basear na função metalingüística, a exegese pessoana textual radicaliza quando admite assumir em si mesma os próprios pressupostos em que se pauta seu objeto de estudo. Como vimos, Segolin conclui em seu ensaio que, a uma utopia em que se concentra a razão de ser da produção heteronímica – isto é, encontrar soluções para a incapacidade da palavra representar o real –, produção esta que torna plural a obra de Pessoa, como uma autêntica sinfonia de vozes poéticas, a esta utopia, dizíamos, corresponde outra, a da crítica pessoana. Também Seabra admite a pluralidade de leituras, decorrente da multiplicidade de vozes poéticas, pluralidade que, como ele mesmo escreve, "teremos que aprender a percorrer" (*Op. cit.*, p. 173).

29. *Apud*, José Augusto Seabra, *op. cit.*, p. 173.

a partir de Caeiro, o "mestre" de todos. Admitir que "qualquer caminho leva a toda a parte" não deixa de ser uma nova maneira de dizer que pode-se tomar a parte pelo todo, ou melhor, a parte pela parte, já que a própria natureza "é partes sem todo". Assim, insistimos, Caeiro (parte) pode levar a toda a parte (o todo, os outros heterônimos). Estudar *O Guardador de Rebanhos* é, a um só tempo, tomar a parte pela parte – já que ela se basta e sobrevive independentemente de um todo – como também, de alguma forma, chamar a atenção para todos. Finalmente, em se tratando de Caeiro e a partir desta metalinguagem radical, transforma-se, como fizemos, a própria crítica em objeto de exegese, algo inseparável de seu tema de estudo. Ou seja: ao estudar Caeiro, por força da natureza de sua produção – misto de poesia e reflexão poética – a própria maneira de abordá-lo se transforma em tópico fundamental da análise. Como se viu aqui.

Alberto Caeiro, como já frisamos, nunca escreveu teoria literária. Os impasses que decorrem de sua obra surgem a partir da própria poesia que escreveu – o que, por si só, já evidenciaria a propriedade de se tomar como ponto de partida de sua análise o texto concretamente dito. E isto, sem lançar mão, necessariamente, do diálogo com os demais heterônimos. Manuel Gusmão, em *A Poesia de Alberto Caeiro*[30] sustenta que "a poesia de Alberto Caeiro [...] *tem* que ser lida no espaço de uma intertextualidade que a atravessa e a obriga a um dialogismo que multiplica os 'interlocutores' da sua enunciação" (o grifo é nosso). Trata-se, como veremos, de uma postura radical, posto que a poética caeiriana não se deixa assim submeter. Ao exibir uma obra poética concebida de tal forma que em momento

---

30. Lisboa, Editorial Comunicação, 1986, p. 28.

algum se sente a ausência de qualquer formulação de ordem teórica, Caeiro como que evidencia para o crítico interessado em estudá-lo que uma abordagem textual e particular de sua obra jamais soará como redutora de seus complexos questionamentos – ao contrário, eleva-a a uma condição de parte auto-suficiente, não importando que *eventualmente* exista um todo.

4. DA UTOPIA DA REALIDADE À REALIDADE DA UTOPIA OU EM BUSCA DA MORTE PERDIDA OU UMA CONCLUSÃO

*onde o estudo se conclui o objeto se conclui
que o objetivo de tudo é concluir-se: fim*

Quem sabe quem os terá?
Quem sabe a que mãos irão?...

Flôr, colhem-me o meu destino para os jarros.
Arvore, arrancaram-me os frutos para as mesas.
Rio, o destino da vossa agua era não ficar em vós...
Submetto-me e sinto-me quasi alegre,
Quasi alegre como quem se cança de estar triste.

Ide, ide de mim...
Passa a arvore e fica dispersa pela Natureza...
Murcha a flôr e o seu pó dura sempre...
Corre o rio e entra no mar e a sua agua é sempre
a que foi sua...

Passo e fico, como o Universo.

―――― XLIX ――――

Metto-me para dentro, e fecho a janella.
Trazem o candieiro e dão as boas noites.
E a minha voz contente dá as boas noites.
Oxalá a minha vida seja sempre isto:
O dia cheio de sol, ou suave de chuva,
Ou tempestuoso como uma grande alegria occulta,
A tarde suave e os ranchos que passam
Fitados com interesse da janella,
O ultimo olhar amigo dado ao silencio das arvores,
E depois, fechada a janella, o candieiro acceso,
Sem ler nada, nem pensar em nada, nem dormir,
Sentir a vida correr por mim como um rio por seu leito,
E lá fóra um grande silencio como um deus que dorme...

1911-1912.
            Alberto Caeiro
            Fernando Pessoa

O último olhar amigo dado ao sossego das árvores

ALBERTO CAEIRO

Além da Linguagem

A obra de Caeiro se caracteriza por uma espécie de aspiração à negação. Isto se traduz sob vários aspectos. Observe-se, por exemplo, o prosaísmo caeiriano. Não é preciso repetir aqui que poetizar a prosa seja uma das características marcantes de Caeiro. E por que fez ele isto? Para negar a tradição poética, empenhada num determinado conjunto de procedimentos que só artificializariam a linguagem da poesia – se já não bastasse o artificialismo de raiz de qualquer linguagem, caracterizado pela incapacidade da palavra de representar o real. A estes recursos duplamente artificiais, Caeiro responde com a prosa de seus versos – lineares, objetivos, despojados. Esta também é uma forma de concretizar no âmbito da própria linguagem a naturalidade que, conteudisticamente, sua obra aspira ao condenar o mascaramento que os signos, os símbolos, produzem em relação à realidade. O que Caeiro acaba conseguindo é uma poesia baseada num discurso antipoético. Escreve Seabra:

> O segredo de Caeiro consiste, no fundo, em extrair a sua poesia da ausência de "poesia" [...] O prosaísmo é para ele o signo perfeito do poético [...] Neste sentido, podemos definir a linguagem de Caeiro empregando uma expressão de Roland Barthes, como o "grau zero" da poesia. Longe de esta buscar um desvio em relação à prosa, é ao contrário, a sua identificação com ela que o discurso poético persegue, através da sua redução a uma pura função denotativa ou referencial, de quem seriam tendencialmente ausentes todos os elementos conotativos e retóricos[1].

Conforme já ressaltamos, trata-se de uma poesia que nega tanto a capacidade da palavra de representar o real quanto a pertinência de se manifestar, com palavras, esta crítica, numa demonstração radical de oposição ao próprio fazer poético e crítico-reflexivo:

> Só a Natureza é divina, e ela não é divina...
> Se [Se às vezes-112] falo dela como de um ente
> É que para falar dela preciso usar da linguagem dos homens
> Que dá personalidade às cousas

---

1. *Op. cit.*, p. 100. Seabra frisa que para Barthes, o "grau zero" – conceito definido em *Le Degré Zéro De L'Ecriture* (Paris, Éditions du Seuil, 1953; ed. bras.: *O Grau Zero da Escritura*, São Paulo, Cultrix, 1971) – não é "um nada, mas uma ausência que significa". Para Seabra, "no caso de Caeiro, é precisamente a ausência aparente de elementos ditos poéticos que dá toda a dimensão poética à sua linguagem. Como observa ainda R. Barthes, ao nível da conotação, o vazio dos significantes retóricos constitui por sua vez um significante estilístico".

E impõe nome às cousas.
Mas as cousas não têm nome nem personalidades:
Existem, e o céu é grande a terra larga,
E o nosso coração do tamanho de um punho fechado...
Bendito seja eu por tudo quanto sei.
[É isso tudo que verdadeiramente sou-113]
Gozo tudo isso como quem sabe que há o sol [...]
Eu não tenho filosofia: tenho sentidos...
Se falo na Natureza não é porque saiba o que ela é,
Mas porque a amo, e amo-a por isso,
Porque quem ama nunca sabe o que ama
Nem sabe por que ama, nem o que é amar...
Amar é a eterna [primeira-92] inocência,
E a única [E toda a-92] inocência não pensar

(*OP*, XXVII, 218/219; II, 205)

Ora, mas o que versos como estes estão fazendo a não ser refletir e traduzir em palavras o sentimento do poeta? Esta contradição, no entanto, é apenas aparente. Para Manuel Gusmão

não se trata de contradições, no sentido de erros, de vícios lógicos, mas do movimento contraditório, sim, como todo movimento real, da exibição ou exposição na poesia de uma impossibilidade de dizer o que os ditos queriam dizer, de os sustentar como uma fala adequada, porque tal fala não pode haver; de exibir sob o que se diz, tecendo-o e determinando-o assim, no modo como se diz, o insuperável abismo ou intervalo entre o sujeito e o objeto, o sujeito ele-próprio, entre os nomes e as coisas[2].

Baseando-se nos argumentos de Jacinto do Prado Coelho, que em *Diversidade e Unidade em Fernando Pessoa*, diz que há "dois Caeiros, o poeta e o pensador", e no Eduardo Lourenço de *Fernando Pessoa Revisitado*, nitidamente preocupado com a diferença entre o plano de enunciação caeiriana e o do enunciado, Gusmão sustenta que "a distinção entre 'o que Caeiro

2. *Op. cit.*, p. 63.

é' e 'o que Caeiro diz' é necessária e adequada ao objecto: um texto heteronímico no espaço do universo fragmentário em que joga" (*ibidem*, p. 33). Observe-se, porém, que quando Caeiro poetiza sobre a pertinência de não-poetizar — dado a incapacidade da palavra de representar o real — está, na verdade, fazendo duas operações de negação. Num primeiro plano, a mensagem da negação surge do próprio caráter dos signos que constituem os referidos versos, isto é, os símbolos — ali estão palavras que, só por uma convenção, querem dizer que a linguagem dos homens não serve porque impõe personalidade às cousas e as cousas não têm personalidade. A segunda negativa decorre do fato de a primeira ter-se estabelecido: se a linguagem dos homens não serve porque impõe personalidade às cousas e estas não têm uma, ao empregá-la para denotar isso, o poeta só reforça esta sua inadequação. Ou seja: se escolho escrever para dizer que através da palavra escrita jamais terei acesso ao real autêntico, não me contradigo porque usei a escrita para negá-la; ao contrário, mostro concretamente como ela me impede de atingir a realidade.

Destas operações de negação a nível do texto decorre, como vimos, uma poesia metalingüística que, na realidade, aspira a uma impossibilidade:

E assim escrevo, querendo sentir a Natureza, nem sequer como um homem (*OP*, XLVI, 226)

Caeiro, como se vê, tinha consciência de que, conforme já acentuou Octavio Paz[3], ao buscar "salvar a distância que o separa da realidade exterior" o homem precisa anular aquilo que é característico da "natureza humana". Ou seja, acabar com esta distância significa

---

3. *O Arco e a Lira*, Rio de Janeiro, Nova Fronteira, 1982, p. 43.

renunciar à humanidade [...] "mudar o homem" quer dizer renunciar a sê-lo: enterrar-se para sempre na inocência animal ou libertar-se do peso da história. [...] Aqui seria preciso perguntar: uma vez reconquistada a unidade primordial entre o mundo e o homem, não ficariam sobrando as palavras? O fim da separação seria também o fim da linguagem[4].

Quer dizer: partindo de uma proposta transgressora em nível de linguagem, isto é, aspirando a uma antilinguagem, uma antipoesia, fruto da anulação da intermediação sígnica que distancia o homem do real, Caeiro chega a uma esfera de negação ainda mais radical – a da própria natureza humana. É verdade que ele tenta minimizar a distância entre aquilo que a sua poesia proclama e o que ela realiza – através de estratagemas como o prosaísmo, a metalinguagem –, mas é evidente que sua obra não alcança o estágio que ela mesma reivindica. No máximo a denuncia concretamente. Esta poética da sensação pura só seria possível, como frisa Segolin, muito "além do 'topos' de qualquer linguagem"[5], ou seja, num mundo em que o próprio homem, mais um símbolo entre símbolos, apenas existisse em meio a todas as outras coisas, todas sem nome ou ainda, com denominações que fossem elas próprias e não sua representação. Um mundo que dispensaria a própria poesia. Esta só não é uma obra, digamos assim, suicida, porque ela admite, em seu próprio seio, como vimos, que há que se distinguir entre a poesia concretamente dita e o mundo que ela aspira. Mundo este que o poeta diz viver, fora de sua poesia, naturalmente:

> Ainda assim (*ou seja: apesar de escrever*) sou alguém.
> Sou o Descobridor da Natureza.

---

4. *Ibidem*, p. 44.
5. *As Linguagens Heteronímicas Pessoanas: Poesia. Transgressão, Utopia*, p. 49.

Sou o Argonauta das sensações verdadeiras
(*OP*, XLVI, 226)

Noutras palavras: há na poesia de Caeiro uma utopia da realidade, baseada na aspiração de um mundo em que o homem e o real se confundam. Mas é outra a realidade desta utopia: a obra não realiza este sonho anti-sígnico, até porque sua realização estaria num plano além da linguagem, o da vivência do poeta.

Alguém da Linguagem

Afinal de contas, quem foi Alberto Caeiro? Do mesmo modo que jamais escreveu uma página teórica, Caeiro pouco informou sobre sua vida. O que mais sabemos dele vem de Fernando Pessoa e Ricardo Reis. Assim, Alberto Caeiro da Silva teria nascido em Lisboa, à 1h45 do dia 16 de abril de 1889 (o horário aparece num horóscopo que Pessoa lhe fez). Na mesma cidade teria morrido em novembro de 1915. "A sua vida decorreu quase toda numa quinta do Ribatejo", escreve Reis (*OPRO*, 115). Neste local, assegura o discípulo, ou "antidiscípulo", foram compostos a maior parte de seus poemas. Reis também esclarece que Caeiro era "quase ignorante das letras" e que praticamente não tinha nenhuma vivência cultural ou qualquer outra de conotação social. "O mesmo breve episódio, improfícuo e absurdo, que deu origem aos poemas de 'O Pastor Amoroso' não foi um incidente, senão, por assim dizer, um esquecimento" (*OPRO*, 115). Pessoa chegou a descrever seus traços físicos: "Estatura média e, embora realmente frágil (morreu tuberculoso), não parecia tão frágil como era. [...] Louro sem cor, olhos azuis" (*OPRO*, 97). Pessoa informa ainda que Caeiro "nunca teve profissão"; que "seus pais morreram cedo, deixando para ele pequenos rendimentos"; que "vivia com uma tia velha, tia-avó" (*OPRO*, 97).

Nada disso, porém, tem importância quando se pensa que, conforme disse Ricardo Reis, "a vida de Caeiro não pode narrar-se pois que não há nela de que narrar. Seus poemas são o que houve nele de vida" (*OPRO*, 115). Ou seja: tal como escreveu Octavio Paz num ensaio justamente dedicado a Fernando Pessoa, já citado aqui, "os poetas não têm biografia. Sua obra é sua biografia". E o que diz a obra de Caeiro sobre seu poeta? Que ele "não crê em nada: existe"; que ele é "o que nenhum poeta moderno pode ser: um homem reconciliado com a natureza. Antes do cristianismo, sim, mas também antes do trabalho e da história. Antes da consciência"[6]. Note-se que neste testemunho, tirado da própria poesia caeiriana, que uma coisa é ela – a poesia, com seus limites impostos pelo signo, doença de toda a literatura, de todo sistema de significação, limites estes denunciados no corpo do próprio texto, mas nem por isso absolvidos desta sua condição. Uma outra realidade, no entanto, seria o poeta, ou melhor, o seu existir – este sim, completamente de acordo com sua profissão de fé. "Caeiro não é um filósofo: é um sábio. Os pensadores têm idéias; para o sábio, viver e pensar não são atos separados. Por isso é impossível expor as idéias de Sócrates ou de Lao-Tsé. Não deixaram senão um punhado de anedotas, enigmas e poemas", escreve Paz, para quem "a debilidade de Caeiro não reside em suas idéias; consiste na irrealidade da experiência que ele diz encarar"[7].

Paz não chega a aprofundar onde está a irrealidade da experiência caeiriana, mas certamente ao dizer isso

---

6. *El Desconocido de Sí Mismo*, p. 115.
7. *Ibidem*, p. 116.

pensa no plano poético, quando, no fundo, o próprio poeta joga para um além-texto a realidade de sua utopia. O que ocorre, porém, é que poetas, como vimos, não têm biografia, sua vida é sua obra. Caeiro não existe para além do texto. Ele é um ser de linguagem[8]. Mas, o que se quer dizer com esta afirmação? Que Caeiro é um símbolo, como qualquer homem, diria Peirce. Até porque, conforme assinalou Merleau-Ponty, "a linguagem (o signo) é o nosso elemento, como a água é o elemento dos peixes"[9]. Ao afirmar que o homem é um símbolo, Peirce na verdade está vinculando para sempre o ser humano à linguagem. De modo que, para o homem, desligar-se da linguagem seria mesmo uma impossibilidade.

Em termos da semiótica peirceana, se Caeiro é um símbolo, já que é um ser de linguagem, quer dizer então que se trata de um signo, ou seja, de algo que, sob algum aspecto, representa algo para alguém. O que Caeiro representa? Exatamente a impossibilidade do homem se encontrar com o real se continuar sendo ho-

---

8. Gusmão (*op.cit.*, p. 34) argumenta que o caráter fictício de Caeiro, e portanto de sua poesia ou de seu "projeto de mundo", é de tal forma explícito que *O Guardador de Rebanhos* já parte de uma negação desta sua própria condição através dos versos "Eu nunca guardei rebanhos/Mas é como se os guardasse" (*OP*, I, 203), que abrem o poema. "De algum modo, o poema, os poemas, são colocados sob o signo da imaginação, do como se. Assim sendo, não há qualquer contradição no facto de o poema IX começar: 'Sou um guardador de rebanhos'. Sabemos já como ler essa frase: sou como se fosse um guardador de rebanhos. Jorge de Sena chamou já atenção para aquele modo de começar do primeiro poema e leu-o como gesto que dá a ler aquilo que os poetas bucólicos sempre souberam: que o bucolismo é 'um artifício, uma máscara' " (*ibidem*). No seu propósito de fazer uma leitura de Caeiro sob a perspectiva dialógica, Gusmão acentua aqui que tal caráter fictício do autor de *O Guardador de Rebanhos* aponta para uma postura assumida "contra" seus vários interlocutores, sejam eles representantes outros do simbolismo e do saudosismo, seja o próprio poeta ortônimo.

9. *Signes*, Paris, Gallimard, 1960, p. 25.

mem. Num mundo utópico, onde esteja desprovido deste nome, lá sim ele poderia aspirar isso. Mas esta possibilidade é um ''mero poder-ser'', para usar uma expressão peirceana. Caeiro não pode ter alcançado, efetivamente, este estágio, não sendo, portanto, o argonauta das sensações verdadeiras, pelo próprio limite que ele sabe possuir – a humanidade (ainda que ''de papel'', ''simbólica''). Porque não basta para o poeta afirmar que já nem seja ''sequer um homem'' para deixar de sê-lo. Tampouco é suficiente afirmar uma possibilidade, uma qualidade-de-sensação, um *faneron*, um Primeiro, para se estabelecer nele – ou estabelecê-lo. É verdade que, para Peirce, o *faneron* não precisa corresponder a nada real; trata-se, tão-somente, de algo ''presente ao espírito''. Mas Peirce também admite que é rara a qualidade de

ver o que está diante dos olhos, como se apresenta, não substituído por alguma interpretação [...] É esta a qualidade do artista que vê as cores aparentes da natureza como elas realmente são[10].

A diferença está entre ver e fazer com que a arte assim também veja. Caeiro chega a escrever:

Eu nem sequer sou poeta: vejo (*OP*, 235)

O que igualmente, não o leva a lugar algum. Quando é que este ''ver'' realmente se efetiva no caso dele? Como se trata de um ser de linguagem, esta afirmativa só se realiza no símbolo. Ele só vê quando escreve que vê – portanto não vê nunca. Mesmo o homem de ''carne e osso'', o artista, como quer Peirce, ou um monge budista, acaba, de algum modo, atingido pelo instrumento de mediação com o mundo que é seu próprio

10. *Escritos Coligidos*, p. 85.

caráter de "ser humano". O "homem", de papel ou não, está condenado a esta humanidade sígnica. Só a deixará quando deixar de ser, isto é, na morte. A verdadeira realidade da utopia de Caeiro estaria, pois, num silêncio. "A utopia terminaria, como a música, no silêncio"[11], mas não um silêncio qualquer – o absoluto, ou seja, a morte[12]. A tal vida que correria sobre ele

> como um rio por seu leito (*OP*, XLIX, 228)

seria, na realidade, a vida da morte. Por isso, neste estágio de existir não existindo pairaria

> um grande silêncio como um deus que dorme
>
> (*OP*, XLIX, 228).

Caeiro morreu aos 26 anos[13], como que para abreviar esta distância em relação ao real – embora fosse vítima de uma doença e não porque tivesse sido feliz em uma tentativa de suicídio, comportamento que, carregado de artificialismo, não ficaria adequado ao "único poeta da Natureza". Procurou guardar-se pessoalmente, como se pode deduzir dos parcos dados de sua biografia, e também guardar os signos literários – por isso escreveu tão pouco. E entenda-se este "guardar" em dois aparentemente paradoxais sentidos – "guardar" por querer "livrar-se de" e "guardar" com o signifi-

---

11. Octavio Paz, *O Arco e a Lyra*, p. 44.
12. Não se trata, portanto, apenas de "aprender" a morrer, como supõe Manuel Gusmão (*op. cit.*, p. 55).
13. Esta idade tem suscitado reflexões. Jorge de Sena (*apud* Manuel Gusmão, *op. cit.*, p. 16) assinala que "Caeiro viveu exactamente o mesmo tempo que Mário de Sá-Carneiro". Sena também observa que a causa da morte do autor de *O Guardador de Rebanhos* é a mesma do pai de Pessoa, que por sua vez faleceu quando o poeta tinha cinco anos – tempo de vida literária de Caeiro.

cado de "preservar", coisa que ele, ainda que contra a vontade, acabou fazendo (jamais se desprendeu de sua condição de "ser de linguagem", aliás, como todos somos). Só a morte poderia anular sua condição de ser homem – ainda que de papel – e realizar sua utopia.

As Boas-Noites

O que se poderia concluir, afinal, é que a poesia de Caeiro, ou ele mesmo – já não faz sentido, outra vez, a distinção – sempre se voltou para o próprio fim. Nasceu para desintegrar e desintegrar-se.

Desintegrar: a tradição poética vigente, a ilusão humana de que os signos são capazes de devolver o real aos homens, de que conhecemos a realidade, de que estamos em harmonia com tudo o que nos cerca. Desintegrar: o sonho da poesia, da literatura, de que, ao ir contra o sistema sociolingüístico, estaria anulando o abismo que situa em margens opostas o homem e o real. Todo o esforço literário, conforme já se frisou aqui, se resumiu numa tentativa de integrar o ser humano à realidade, o que o colocaria em harmonia com a História e consigo mesmo. Caeiro joga por terra esta utopia do homem. Uma mediação de raiz, algo incrustado na própria natureza humana – às vezes em dimensões mais acentuadas do que outras, como é o caso do cristismo, se comparado ao paganismo; ou das poéticas não-sensacionistas, se situadas diante de poesias pautadas pelo sensacionismo – uma mediação de raiz, dizíamos, faz com que mesmo as artes, a literatura ou até a poesia fracasse sempre nesta empreitada de conciliação.

Desintegrar-se. O poeta pode escrever, mostrar seus versos:

> Da mais alta janela da minha casa
> Com um lenço branco digo adeus
> Aos meus versos que partem para a Humanidade[14]
> E não estou alegre nem triste.
> Esse é o destino dos versos.
> Escrevi-os e devo mostrá-los a todos
> Porque não posso fazer o contrário
> Como a flor não pode esconder a cor.
> Nem o rio esconder que corre,
> Nem a árvore esconder que dá frutos.
> Ei-los que vão já longe como que na diligência
> E eu sem querer sinto pena
> Como uma dor no corpo
> Quem sabe que os lerá
> Quem sabe a que mãos irão?
> Flor, colheu-me o meu destino para os olhos.
> Árvore, arrancaram-me os frutos para as bocas.
> Rio, o destino da minha água era não ficar em mim.
> Submeto-me e sinto-me quase alegre,
> Quase alegre como quem se cansa de estar triste.
> Ide, ide de mim!
> Passa a árvore e fica dispersa pela Natureza.
> Murcha a flor e o seu pó dura sempre.
> Corre o rio e entra no mar e a sua água é sempre a que foi sua.
> Passo e fico, como o Universo.
>
> (*OP*, XLVIII, 227)

Mas este simples anúncio de que ele passa e fica, como o Universo, não o conduz a esta privilegiada condição. Quando, no poema seguinte – o derradeiro de *O Guardador de Rebanhos* – Caeiro avisa que agora fechará a janela e dará as "boas-noites", esperando que

> Oxalá a minha vida seja sempre isto
>
> (*OP*, XLIX, 227)

---

14. Note-se a tentativa de Caeiro de não fazer parte do mundo humano, embora sendo homem, num último e desesperado esforço para reconciliar-se vivo com o universo.

está no fundo se referindo ao que chamaríamos de vida da morte. A vida que todos vivemos, na condição humana, chegara ao fim, aspira ele.

Ao negar o símbolo, os signos, em sua poesia, Caeiro como que sinaliza que esta negação, utópica do ponto de vista da linguagem, deve realizar-se num além-texto, a vivência do poeta. "Ainda assim sou alguém", acredita. Mas, quando se constata que essa negação em nível humano também não será possível com Caeiro, dada sua condição de *ser de linguagem*, ele também se revela homem. Humano, demasiado humano. A partir disso, o caminho para a realidade da utopia fica claro – ser *não-humano*, negar a condição de homem, interromper seu fluxo sígnico, isto é, encontrar a morte, o "grande silêncio". Porque procurou negar o símbolo, Caeiro se encontrou sujeito sígnico – os signos estavam nele, guardados. Porque revelou-se guardador de signos, Caeiro negou sua condição de ser. Como *ser de linguagem*, morreu em signos, isto é, nunca morreu. Mas é como se morresse.

Último retrato de Fernando Pessoa (1935).

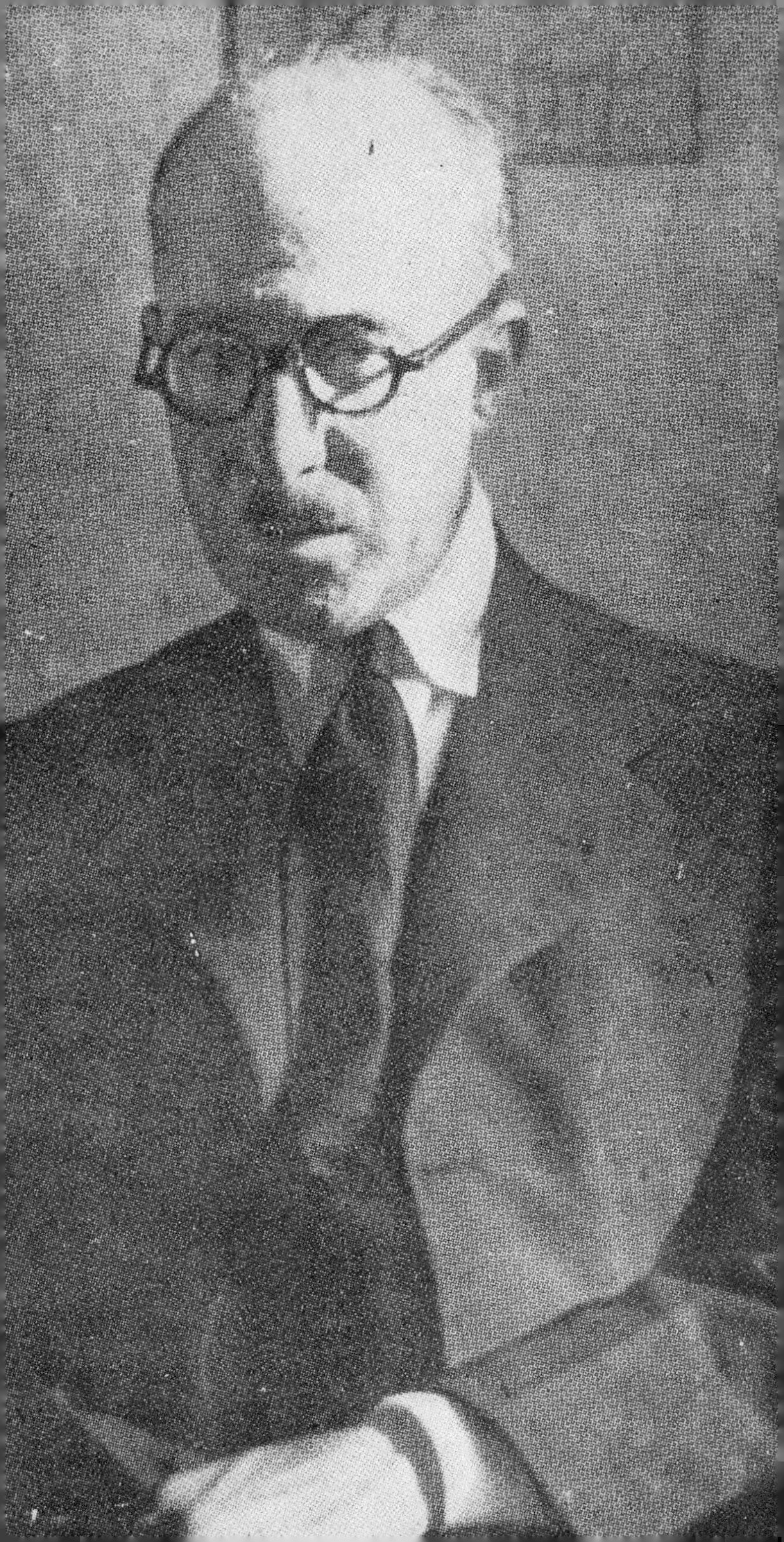

BIBLIOGRAFIA

Fontes

COELHO, Jacinto do Prado. "Bibliografia". *Diversidade e Unidade em Fernando Pessoa*. Lisboa, Verbo, 1980.

GUSMÃO, Manuel. "Bibliografia". *A Poesia de Alberto Caeiro*. Lisboa, Editorial Comunicação, 1986.

ORDÓÑEZ, Andrés. "Bibliografia". *Fernando Pessoa, Un Místico sin Fe*. Cidade do México, Siglo Veintiuno Editores, 1991 (Edição brasileira: Trad. bras. Sonia Regina Cardoso; Rio de Janeiro, Nova Fronteira, 1994).

SEABRA, José Augusto. "Bibliografia". *Fernando Pessoa ou o Poetodrama*. São Paulo, Perspectiva, 1986 [Estudos 24].

SEGOLIN, Fernando. "Bibliografia". *As Linguagens Heteronímicas Pessoanas: Poesia. Transgressão. Utopia*. Tese apresentada como exigência parcial para a obtenção do título de Doutor em Comunicação e Semiótica na Pontifícia Católica Universidade de São Paulo, 1982. (Edição comercial: *Fernando Pessoa: Poesia. Transgressão. Utopia*, São Paulo, Educ, 1992).

Obras de Fernando Pessoa

Pessoa, Fernando. *Obra Poética*. Rio de Janeiro, Aguilar, 1977.
_____ . *Obras em Prosa*. Rio de Janeiro, Aguilar, 1986.
_____ . *Fausto: Tragédia Subjectiva*. Organização de Teresa Sobral Cunha. Rio de Janeiro, Nova Fronteira, 1991.
_____ . *Livro do Desassossego* (por Bernardo Soares). Seleção e introdução de Leyla Perrone Moisés. São Paulo, Brasiliense, 1986.

Textos sobre Fernando Pessoa

Belchior. "Deus e Deuses na Poesia de Fernando Pessoa e Heterônimos". In: *Actas do IV Congresso Internacional de Estudos Pessoanos – Secção Brasileira*, vol. II. Vários autores, 2 vols. Porto, Fundação Eng. António de Almeida/Fundação Calouste Gulbenkian, 1989.
Brandão, Roberto de Oliveira. "Consciência e Modernidade em Fernando Pessoa". In: *Actas do IV Congresso Internacional de Estudos Pessoanos – Secção Brasileira*, vol. II.
Castro, Ivo. *Editar Pessoa*. Lisboa, Imprensa Nacional-Casa da Moeda, 1990.
Centro de Estudos Pessoanos. *Actas do I Congresso Internacional de Estudos Pessoanos*. Vários Autores. Porto, Brasília Editora, 1979.
Centro de Estudos Pessoanos. *Actas do IV Congresso Internacional de Estudos Pessoanos – Secção Brasileira*.
Coelho, Jacinto do Prado. *Diversidade e Unidade em Fernando Pessoa*.
Crespo, Ángel. *A Vida Plural de Fernando Pessoa*. Trad. bras. José Viale Moutinho, Rio de Janeiro, Bertrand Brasil, 1990.
Cunha, Teresa Sobral. "Antônio Mora: o Heterônimo-Filósofo". In: *Actas do IV Congresso Internacional de Estudos Pessoanos – Secção Brasileira*, vol. II.
Figueiredo, Pedro Araújo. "Sobre Caeiro e Alguma Filosofia". In: *Actas do I Congresso Internacional de Estudos Pessoanos*.

FILHO, Linhares. "A Modernidade da Poesia de Fernando Pessoa". In: *Actas do IV Congresso Internacional de Estudos Pessoanos – Secção Brasileira*, vol. II.

GALHOZ, Maria Aliete Dores. "Fernando Pessoa, Um Encontro de Poesia". In: PESSOA, Fernando. *Obra Poética*.

_____. "A Fortuna Editorial de Fernando Pessoa". In: *Actas do IV Congresso Internacional de Estudos Pessoanos – Secção Brasileira*, vol. II.

GUSMÃO, Manuel. *A Poesia de Alberto Caeiro*.

HATTERLY, Ana. "O Cubo das Sensações e Outras Práticas Sensacionais em Alberto Caeiro". In: *Actas do I Congresso Internacional de Estudos Pessoanos*.

HEWITT, Júlia Cuervo. "Metafísica da Negação: A Negação da Metafísica na Poesia de Alberto Caeiro". In: *Actas do IV Congresso Internacional de Estudos Pessoanos – Secção Brasileira*, vol. I.

JAKOBSON, Roman. "Os Oxímoros Dialéticos de Fernando Pessoa". In: *Lingüística. Poética. Cinema*. Trad. bras. Haroldo de Campos em colaboração com Francisco Achcar. São Paulo, Perspectiva, 1976 [Debates 22].

LOPES, Maria Teresa Rita. *Fernando Pessoa et Le Drame Symboliste: Héritage et Création*. Paris, Fundação Calouste Gulbenkian, Centro Cultural Português, 1977.

LOURENÇO, Eduardo. "Considerações Sobre o Proto-Pessoa – Do Tempo da Morte à Morte do Tempo". In: *Actas do I Congresso Internacional de Estudos Pessoanos*.

_____. "Pessoa e o Tempo". In: *Actas do IV Congresso Internacional de Estudos Pessoanos – Secção Brasileira*, vol. I.

MELO E CASTRO, E.M. de. "Para Uma Leitura Dialéctica de Fernando Pessoa-Poeta". In: *Actas do I Congresso Internacional de Estudos Pessoanos*.

_____. "O Intertexto em Pessoa, ou Melhor, o Interpessoa; ou Melhor: Nós". In: *Actas do IV Congresso Internacional de Estudos Pessoanos – Secção Brasileira*, vol. I.

MOISÉS, Leyla Perrone-. *Fernando Pessoa – Aquém do Eu Além do Outro*. São Paulo, Martins Fontes, 1982.

_____. "Notas Para Uma Leitura Lacaniana do Vácuo-Pessoa". In: *Actas do I Congresso Internacional de Estudos Pessoanos*.

ORDÓÑEZ, Andrés. *Fernando Pessoa, Un Místico Sin Fe*.

NUNES, Benedito. "Fernando Pessoa". In: *O Dorso do Tigre*. São Paulo, Perspectiva, 1969 [Debates 17].

PAZ, Octavio. "El Desconocido de Sí Mismo". In: *Los Signos en Rotación y Otros Ensaios*. Madrid, Alianza Tres, 1986. (Trad. bras.: Sebastião Uchoa Leite, São Paulo, Perspectiva, 1972) [Debates 48].

REBELO, Luís de Sousa. "Paganismo versus Cristianismo em Fernando Pessoa". In: *Actas do IV Congresso Internacional de Estudos Pessoanos – Secção Brasileira*, vol. II.

SEABRA, José Augusto. *Fernando Pessoa ou o Poetodrama*. São Paulo, Perspectiva, 1982 [Estudos 24].

———. *O Heterotexto Pessoano*. São Paulo, Perspectiva, 1988 [Debates 204].

———. "Poética e Filosofia em Fernando Pessoa". In: *Actas do IV Congresso Internacional de Estudos Pessoanos – Secção Brasileira*, vol. I.

SEGOLIN, Fernando. *As Linguagens Heteronímicas Pessoanas: Poesia. Transgressão. Utopia*.

———. "Caeiro e Nietzsche: Da Crítica da Linguagem à Anti-filosofia e à Antipoesia". In: *Actas do IV Congresso Internacional de Estudos Pessoanos – Secção Brasileira*, vol. II.

SENA, Jorge de. "O Meu Mestre Caeiro de Fernando Pessoa e Outros mais". In: *Actas do I Congresso Internacional de Estudos Pessoanos*.

SIMÕES, João Gaspar. *Vida e Obra de Fernando Pessoa – História Duma Geração*. 6ª ed., Lisboa, Publicações Dom Quixote, 1986.

SEVERINO, Alexandrino E. "Fernando Pessoa e William Shakespeare: Um Estudo Comparativo de Heteronímia". In: *Actas do IV Congresso Internacional de Estudos Pessoanos – Secção Brasileira*, vol. I.

TABUCCHI, Antonio. "Uma Criança Atravessa a Paisagem". In: *Pessoana Mínima, Temas Portugueses*, Lisboa, Imprensa Nacional-Casa da Moeda, 1984.

ZILBERMAN, Regina. "Vanguarda e Subdesenvolvimento: Respostas de Fernando Pessoa a Mário de Andrade". In: *Actas do IV Congresso Internacional de Estudos Pessoanos – Secção Brasileira*, vol. II.

Outros

AGOSTINHO, Santo. *A Cidade de Deus Contra os Pagãos*. Trad. bras. Oscar Paes Leme. Petrópolis, Vozes, 1990.

ARISTÓTELES, Metafísica/Ética a Nicômaco/Poética. In: Coleção Os Pensadores. Seleção de textos: José Américo Mota Pessanha. Trad. bras. Vizenzo Cocco. Leonel Vallandro e Gerard Bornheim/Eudoro de Souza. São Paulo, Abril Cultural, 1979.

BARTHES, Roland. *Aula*. Trad. bras. Leyla Perrone-Moisés. São Paulo, Cultrix, 1988.

_____ . *O Grau Zero da Escritura*. Trad. bras. Anne Arnichand e Alvaro Lorencini. São Paulo, Cultrix, 1974.

_____ . *Novos Ensaios Críticos*. Trad. bras. Heloysa de Lima Dantas. São Paulo, Cultrix, 1974.

_____ . *Elementos de Semiologia*. Trad. bras. Izidoro Blikstein. São Paulo, Cultrix, 1971.

BENJAMIN, Horkheimer, Adorno e Habermas. *Textos Escolhidos*. In: Coleção os Pensadores. Trad. bras. José Lino Grünewald e outros. São Paulo, Abril Cultural, 1980.

BENSE, Max. *Pequena Estética*. Trad. bras. J. Guinsburg e Ingrid Dormien. São Paulo, Perspectiva, 1971 [Debates 30].

BOSI, Alfredo. *O Ser e o Tempo da Poesia*. São Paulo, Cultrix, 1977.

BRADBURY. *O Mundo Moderno*. Trad. bras. Paulo Henriques Britto. São Paulo, Companhia das Letras, 1989.

BRAGA, Maria Lúcia Santaella. *Produção de Linguagem e Ideologia*. São Paulo, Cortez Editora, 1980.

CAMPOS, Haroldo de. *A Arte no Horizonte Provável*. São Paulo, Perspectiva, 1969 [Debates 16].

_____ . *A Operação do Texto*. São Paulo, Perspectiva, 1976 [Debates 134].

_____ e outros. *Teoria da Poesia Concreta*. São Paulo, Duas Cidades, 1975.

CARPEAUX, Otto Maria. *História da Literatura Ocidental*. Rio de Janeiro, Alhambra, 1984, 8 vols.

CHÂTELET, François e outros. *História da Filosofia – Idéias, Doutrinas*. Vol 1: *A Filosofia Pagã*. Trad. bras. Maria José de Almeida. Rio de Janeiro, Zahar Editores, 1973.

DERRIDA, Jacques. *A Escritura e a Diferença*. Trad. bras. Maria Beatriz Nizza da Silva. São Paulo, Perspectiva, 1971 [Debates 49].

ECO, Umberto. *As Formas do Conteúdo*. Trad. bras. Pérola de Carvalho. São Paulo, Perspectiva, 1974 [Estudos 25].

_____ . *Leitura do Texto Literário*. Trad. port. Mário Brito. Lisboa, Editorial Presença, 1983.

_____ . *Obra Aberta*. Trad. bras. Sebastião Uchoa Leite. São Paulo, Perspectiva, 1976 [Debates 4].

EKSTEINS, Modris. *A Sagração da Primavera*. Trad. bras. Rosaura Eichenberg. Rio de Janeiro, Rocco, 1991.

ELIADE, Mircea. *Mito e Realidade*. Trad. bras. Pola Civelli. São Paulo, Perspectiva, 1972 [Debates 52].

ELIOT, T. S. *De Poesia e Poetas*. Trad. bras. Ivan Junqueira. São Paulo, Brasiliense, 1991.

FERRARA, Lucrécia D'Aléssio. *A Estratégia dos Signos*. São Paulo, Perspectiva/Secretaria de Estado da Cultura, 1981 [Estudos 79].

FREUD, Sigmund. *Cinco Lições de Psicanálise/A História do Movimento Psicanalítico/O Futuro de uma Ilusão/Esboço de Psicanálise*. In: Coleção Os Pensadores. Trad. bras. Durval Marcondes e outros. São Paulo, Abril Cultural, 1978.

FRYE, Northrop. *Anatomia da Crítica*. Trad. bras. Péricles Eugênio da Silva Ramos. São Paulo, Cultrix, 1973.

GREIMAS, A.J. e outros. *Ensaios de Semiótica Poética*. Trad. bras. Heloysa de Lima Dantas. São Paulo, Cultrix/Edusp, 1975.

HEGEL, *Estética/A Fenomenologia do Espírito*. In: Coleção Os Pensadores. Trad. bras. Orlando Vitorino, Henrique Cláudio de Lima Vaz e Antônio Pinto de Carvalho. São Paulo, Nova Cultural, 1992, 2 vols.

HEIDEGGER, Martin. *Conferências e Escritos Filosóficos*. In: Coleção Os Pensadores. Trad. bras. Ernildo Stein. São Paulo, Abril Cultural, 1984.

HOBBES, T. *Leviatã*. In: Coleção Os Pensadores. Trad. bras. João Paulo Monteiro e Maria Beatriz Nizza da Silva. São Paulo, Abril Cultural, 1983.

JAKOBSON, Roman. *Lingüística. Poética. Cinema*. Trad. bras. Francisco Achcar e outros. São Paulo, Perspectiva [Debates 22].

KANT, Immanuel. *Crítica da Razão Pura/Textos Selecionados*. In: Coleção Os Pensadores. Trad. bras. Valerio Rohden, Udo Moosburger e outros. São Paulo, Abril Cultural, 1980 e 1983, 2 vols.

KIERKEGAARD, S. *Temor e Tremor*. In: Coleção Os Pensadores. Trad. bras. Maria José Martinho. São Paulo, Abril Cultural, 1979.

LACAN, Jacques. *O Seminário – Livro 17: O Avesso da Psicanálise*. Texto estabelecido por Jacques-Alain Miller. Versão brasileira de Ari Roitman. Rio de Janeiro, Jorge Zahar Editor, 1992.

LEGRAND, Gérard. *Os Pré-Socráticos*. Trad. bras. Lucy Magalhães. Rio de Janeiro, Jorge Zahar Editor, 1991.

MAN, Paul de. *Blindness and Insight – Essays in the Rethoric of Contemporany Criticism*. Minneapolis, University of Minnesota Press, 1986.

MONEGAL, Emir Rodríguez. *Borges: Uma Poética da Leitura.* Trad. bras. Irlemar Chiampi. São Paulo, Perspectiva, 1980 [Debates 140].

MORE, Thomas. *Utopia.* Sintra, Europa América, 1973.

PAZ, Octavio. *O Arco e a Lira.* Trad. bras. Olga Savary. Rio de Janeiro, Nova Fronteira, 1982.

_____ . *Los Signos en Rotación y Otros Ensaios.*

_____ . *Os Filhos do Barro – Do Romantismo à Vanguarda.* Trad. bras. Olga Savary. Rio de Janeiro, Nova Fronteira, 1984.

PEIRCE, Charles Sanders. *Collected Papers of Charles Sanders Peirce.* Cambridge, Massachusetts, The Belknap Press of Harvard University, 1931-1958, 8 vols.

_____ . *Textos Escolhidos.* Coleção Os Pensadores. Trad. bras. Armando Mora D'Oliveira e Sergio Pomerangblum. São Paulo, Abril Cultural, 1980.

_____ . *Semiótica.* Trad. bras. José Teixeira Coelho Netto. São Paulo, Perspectiva, 1977 [Estudos 46].

_____ . *Semiótica e Filosofia.* Trad. bras. Octanny Silveira da Mota e Leonidas Hegenberg. São Paulo, Cultrix, 1975.

PIGNATARI, Décio. *Semiótica & Literatura.* São Paulo, Cortez & Moraes, 1979.

NIETZSCHE, F. W. *Obras Incompletas.* In: Coleção Os Pensadores. Trad. bras. Rubens Rodrigues Torres Filho. Abril Cultural, São Paulo, 1978.

PLAZA, Júlio. *Tradução Intersemiótica.* São Paulo, Perspectiva, 1987 [Estudos 93].

POUND, Ezra. *ABC da Literatura.* Trad. bras. Augusto de Campos e José Paulo Paes. São Paulo, Cultrix, 1976.

_____ . *A Arte da Poesia.* Trad. bras. Heloysa de Lima Dantas e José Paulo Paes. São Paulo, Cultrix, 1976.

SARTRE, Jean-Paul. *Que é a Literatura.* Trad. bras. Carlos Felipe Moisés. São Paulo, Ática, 1989.

SAUSSURE, Ferdinand. *Curso de Lingüística Geral.* Trad. bras. A. Chelini, José Paulo Paes e Izidoro Blikstein. São Paulo, Cultrix, 1991.

SPINA, Segismundo. *Na Madrugada das Formas Poéticas.* São Paulo, Ática, 1982.

VALERY, Paul. *Variedades.* Trad. bras. Maiza Martins de Siqueira. São Paulo, Iluminuras, 1991.

WITTGENSTEIN, Ludwig. *Investigações Filosóficas.* In: Coleção Os Pensadores. Trad. bras. José Carlos Bruni. São Paulo, Abril Cultural, 1979.

COLEÇÃO DEBATES

1. *A Personagem de Ficção*, Antonio Candido e outros.
2. *Informação, Linguagem, Comunicação*, Décio Pignatari.
3. *Balanço da Bossa e Outras Bossas*, Augusto de Campos.
4. *Obra Aberta*, Umberto Eco.
5. *Sexo e Temperamento*, Margaret Mead.
6. *Fim do Povo Judeu?*, Georges Friedmann.
7. *Texto/Contexto*, Anatol Rosenfeld.
8. *O Sentido e a Máscara*, Gerd A. Bornheim.
9. *Problemas da Física Moderna*, W. Heisenberg, E. Schrödinger, M. Born e P. Auger.
10. *Distúrbios Emocionais e Anti-Semitismo*, N. W. Ackerman e M. Jahoda.
11. *Barroco Mineiro*, Lourival Gomes Machado.
12. *Kafka: Pró e Contra*, Günther Anders.
13. *Nova História e Novo Mundo*, Frédéric Mauro.
14. *As Estruturas Narrativas*, Tzvetan Todorov.
15. *Sociologia do Esporte*, Georges Magnane.
16. *A Arte no Horizonte do Provável*, Haroldo de Campos.
17. *O Dorso do Tigre*, Benedito Nunes.
18. *Quadro da Arquitetura no Brasil*, Nestor Goulart Reis Filho.

19. *Apocalípticos e Integrados*, Umberto Eco.
20. *Babel & Antibabel*, Paulo Rónai.
21. *Planejamento no Brasil*, Betty Mindlin Lafer.
22. *Lingüística. Poética. Cinema*, Roman Jakobson.
23. *LSD*, John Cashman.
24. *Crítica e Verdade*, Roland Barthes.
25. *Raça e Ciência I*, Juan Comas e outros.
26. *Shazam!*, Álvaro de Moya.
27. *Artes Plásticas na Semana de 22*, Aracy Amaral.
28. *História e Ideologia*, Francisco Iglésias.
29. *Peru: da Oligarquia Econômica à Militar*, Arnaldo Pedroso d'Horta.
30. *Pequena Estética*, Max Bense.
31. *O Socialismo Utópico*, Martin Buber.
32. *A Tragédia Grega*, Albin Lesky.
33. *Filosofia em Nova Chave*, Susanne K. Langer.
34. *Tradição, Ciência do Povo*, Luís da Câmara Cascudo.
35. *O Lúdico e as Projeções do Mundo Barroco*, Affonso Ávila.
36. *Sartre*, Gerd A. Bornheim.
37. *Planejamento Urbano*, Le Corbusier.
38. *A Religião e o Surgimento do Capitalismo*, R. H. Tawney.
39. *A Poética de Maiakóvski*, Boris Schnaiderman.
40. *O Visível e o Invisível*, M. Merleau-Ponty.
41. *A Multidão Solitária*, David Riesman.
42. *Maiakóvski e o Teatro de Vanguarda*, A. M. Ripellino.
43. *A Grande Esperança do Século XX*, J. Fourastié.
44. *Contracomunicação*, Décio Pignatari.
45. *Unissexo*, Charles E. Winick.
46. *A Arte de Agora, Agora*, Herbert Read.
47. *Bauhaus: Novarquitetura*, Walter Gropius.
48. *Signos em Rotação*, Octavio Paz.
49. *A Escritura e a Diferença*, Jacques Derrida.
50. *Linguagem e Mito*, Ernst Cassirer.
51. *As Formas do Falso*, Walnice Nogueira Galvão.
52. *Mito e Realidade*, Mircea Eliade.
53. *O Trabalho em Migalhas*, Georges Friedmann.
54. *A Significação no Cinema*, Christian Metz.
55. *A Música Hoje*, Pierre Boulez.
56. *Raça e Ciência II*, L. C. Dunn e outros.
57. *Figuras*, Gérard Genette.
58. *Rumos de uma Cultura Tecnológica*, Abraham Moles.
59. *A Linguagem do Espaço e do Tempo*, Hugh M. Lacey.
60. *Formalismo e Futurismo*, Krystyna Pomorska.
61. *O Crisântemo e a Espada*, Ruth Benedict.
62. *Estética e História*, Bernard Berenson.
63. *Morada Paulista*, Luís Saia.
64. *Entre o Passado e o Futuro*, Hannah Arendt.
65. *Política Científica*, Heitor G. de Souza, Darcy F. de Almeida e Carlos Costa Ribeiro.
66. *A Noite da Madrinha*, Sérgio Miceli.
67. *1822: Dimensões*, Carlos Guilherme Mota e outros.
68. *O Kitsch*, Abraham Moles.
69. *Estética e Filosofia*, Mikel Dufrenne.
70. *O Sistema dos Objetos*, Jean Baudrillard.

71. *A Arte na Era da Máquina*, Maxwell Fry.
72. *Teoria e Realidade*, Mario Bunge.
73. *A Nova Arte*, Gregory Battcock.
74. *O Cartaz*, Abraham Moles.
75. *A Prova de Gödel*, Ernest Nagel e James R. Newman.
76. *Psiquiatria e Antipsiquiatria*, David Cooper.
77. *A Caminho da Cidade*, Eunice Ribeiro Durhan.
78. *O Escorpião Encalacrado*, Davi Arrigucci Junior.
79. *O Caminho Crítico*, Northrop Frye.
80. *Economia Colonial*, J. R. Amaral Lapa.
81. *Falência da Crítica*, Leyla Perrone Moisés.
82. *Lazer e Cultura Popular*, Joffre Dumazedier.
83. *Os Signos e a Crítica*, Cesare Segre.
84. *Introdução à Semanálise*, Julia Kristeva.
85. *Crises da República*, Hannah Arendt.
86. *Fórmula e Fábula*, Willi Bolle.
87. *Saída, Voz e Lealdade*, Albert Hirschman.
88. *Repensando a Antropologia*, E. R. Leach.
89. *Fenomenologia e Estruturalismo*, Andrea Bonomi.
90. *Limites do Crescimento*, Donella H. Meadows e outros (Clube de Roma).
91. *Manicômios, Prisões e Conventos*, Erving Goffman.
92. *Maneirismo: o Mundo como Labirinto*, Gustav R. Hocke.
93. *Semiótica e Literatura*, Décio Pignatari.
94. *Cozinhas, etc.*, Carlos A. C. Lemos.
95. *As Religiões dos Oprimidos*, Vittorio Lanternari.
96. *Os Três Estabelecimentos Humanos*, Le Corbusier.
97. *As Palavras sob as Palavras*, Jean Starobinski.
98. *Introdução à Literatura Fantástica*, Tzvetan Todorov.
99. *Significado nas Artes Visuais*, Erwin Panofsky.
100. *Vila Rica*, Sylvio de Vasconcellos.
101. *Tributação Indireta nas Economias em Desenvolvimento*, John. F. Due.
102. *Metáfora e Montagem*, Modesto Carone.
103. *Repertório*, Michel Butor.
104. *Valise de Cronópio*, Julio Cortázar.
105. *A Metáfora Crítica*, João Alexandre Barbosa.
106. *Mundo, Homem, Arte em Crise*, Mário Pedrosa.
107. *Ensaios Críticos e Filosóficos*, Ramón Xirau.
108. *Do Brasil à América*, Frédéric Mauro.
109. *O Jazz, do Rag ao Rock*, Joachim E. Berendt.
110. *Etc... Etc... (Um Livro 100% Brasileiro)*, Blaise Cendrars.
111. *Território da Arquitetura*, Vittorio Gregotti.
112. *A Crise Mundial da Educação*, Philip H. Coombs.
113. *Teoria e Projeto na Primeira Era da Máquina*, Reyner Banham.
114. *O Substantivo e o Adjetivo*, Jorge Wilheim.
115. *A Estrutura das Revoluções Científicas*, Thomas S. Kuhn.
116. *A Bela Época do Cinema Brasileiro*, Vicente de Paula Araújo.
117. *Crise Regional e Planejamento*, Amélia Cohn.
118. *O Sistema Político Brasileiro*, Celso Lafer.
119. *Êxtase Religioso*, Ioan Lewis.
120. *Pureza e Perigo*, Mary Douglas.
121. *História, Corpo do Tempo*, José Honório Rodrigues.
122. *Escrito sobre um Corpo*, Severo Sarduy.

123. *Linguagem e Cinema*, Christian Metz.
124. *O Discurso Engenhoso*, Antonio José Saraiva.
125. *Psicanalisar*, Serge Leclaire.
126. *Magistrados e Feiticeiros na França do Século XVII*, Robert Mandrou.
127. *O Teatro e sua Realidade*, Bernard Dort.
128. *A Cabala e seu Simbolismo*, Gershom G. Scholem.
129. *Sintaxe e Semântica na Gramática Transformacional*, A. Bonomi e G. Usberti.
130. *Conjunções e Disjunções*, Octavio Paz.
131. *Escritos sobre a História*, Fernand Braudel.
132. *Escritos*, Jacques Lacan.
133. *De Anita ao Museu*, Paulo Mendes de Almeida.
134. *A Operação do Texto*, Haroldo de Campos.
135. *Arquitetura, Industrialização e Desenvolvimento*, Paulo J. V. Bruna.
136. *Poesia-Experiência*, Mario Faustino.
137. *Os Novos Realistas*, Pierre Restany.
138. *Semiologia do Teatro*, J. Guinsburg e J. Teixeira Coelho Netto.
139. *Arte-Educação no Brasil*, Ana Mae T. B. Barbosa.
140. *Borges: uma Poética da Leitura*, Emir Rodríguez Monegal.
141. *O Fim de uma Tradição*, Robert W. Shirley.
142. *Sétima Arte: um Culto Moderno*, Ismail Xavier.
143. *A Estética do Objetivo*, Aldo Tagliaferri.
144. *A Construção do Sentido na Arquitetura*, J. Teixeira Coelho Netto.
145. *A Gramática do Decameron*, Tzvetan Todorov.
146. *Escravidão, Reforma e Imperialismo*, Richard Graham.
147. *História do Surrealismo*, Maurice Nadeau.
148. *Poder e Legitimidade*, José Eduardo Faria.
149. *Práxis do Cinema*, Noel Burch.
150. *As Estruturas e o Tempo*, Cesare Segre.
151. *A Poética do Silêncio*, Modesto Carone.
152. *Planejamento e Bem-Estar Social*, Henrique Rattner.
153. *Teatro Moderno*, Anatol Rosenfeld.
154. *Desenvolvimento e Construção Nacional*, S. N. Eisenstadt.
155. *Uma Literatura nos Trópicos*, Silviano Santiago.
156. *Cobra de Vidro*, Sérgio Buarque de Holanda.
157. *Testando o Leviathan*, Antonia Fernanda Pacca de Almeida Wright.
158. *Do Diálogo e do Dialógico*, Martin Buber.
159. *Ensaios Lingüísticos*, Louis Hjelmslev.
160. *O Realismo Maravilhoso*, Irlemar Chiampi.
161. *Tentativas de Mitologia*, Sérgio Buarque de Holanda.
162. *Semiótica Russa*, Boris Schnaiderman.
163. *Salões, Circos e Cinema de São Paulo*, Vicente de Paula Araújo.
164. *Sociologia Empírica do Lazer*, Joffre Dumazedier.
165. *Física e Filosofia*, Mario Bunge.
166. *O Teatro Ontem e Hoje*, Célia Berrettini.
167. *O Futurismo Italiano*, Aurora F. Bernardini (org.).
168. *Semiótica, Informação e Comunicação*, J. Teixeira Coelho Netto.
169. *Lacan: Operadores da Leitura*, Américo Vallejo e Ligia Cadermatori Magalhães.
170. *Dos Murais de Portinari aos Espaços de Brasília*, Mário Pedrosa.
171. *O Lírico e o Trágico em Leopardi*, Helena Parente Cunha.
172. *A Criança e a FEBEM*, Marlene Guirado.
173. *Arquitetura Italiana em São Paulo*, Anita Salmoni e Emma Debenedetti.

174. *Feitura das Artes*, José Neistein.
175. *Oficina: do Teatro ao Te-Ato*, Armando Sérgio da Silva.
176. *Conversas com Igor Stravinski*, Robert Craft.
177. *Arte como Medida*, Sheila Leirner.
178. *Nzinga: Resistência Africana ao Colonialismo Português*, Roy Glasgow.
179. *O Mito e o Herói no Moderno Teatro Brasileiro*, Anatol Rosenfeld.
180. *A Industrialização do Algodão em São Paulo*, Maria Regina de M. Ciparrone Mello.
181. *Poesia com Coisas*, Marta Peixoto.
182. *Hierarquia e Riqueza na Sociedade Burguesa*, Adeline Daumard.
183. *Natureza e Sentido da Improvisação Teatral*, Sandra Chacra.
184. *O Pensamento Psicológico*, Anatol Rosenfeld.
185. *Mouros, Franceses e Judeus*, Luís da Câmara Cascudo.
186. *Tecnologia, Planejamento e Desenvolvimento Autônomo*, Francisco R. Sagasti.
187. *Mário Zanini e seu Tempo*, Alice Brill.
188. *O Brasil e a Crise Mundial*, Celso Lafer.
189. *Jogos Teatrais*, Ingrid Dormien Koudela.
190. *A Cidade e o Arquiteto*, Leonardo Benevolo.
191. *Visão Filosófica do Mundo*, Max Scheler.
192. *Stanislavski e o Teatro de Arte de Moscou*, J. Guinsburg.
193. *O Teatro Épico*, Anatol Rosenfeld.
194. *O Socialismo Religioso dos Essênios: a Comunidade de Qumran*, W. J. Tyloch.
195. *Poesia e Música*, Antônio Manuel e outros.
196. *A Narrativa de Hugo de Carvalho Ramos*, Albertina Vicentini.
197. *Vida e História*, José Honório Rodrigues.
198. *As Ilusões da Modernidade*, João Alexandre Barbosa.
199. *Exercício Findo*, Décio de Almeida Prado.
200. *Marcel Duchamp: Engenheiro do Tempo Perdido*, Pierre Cabanne.
201. *Uma Consciência Feminista: Rosario Castellanos*, Beth Miller.
202. *Neolítico: Arte Moderna*, Ana Claudia de Oliveira.
203. *Sobre Comunidade*, Martin Buber.
204. *O Heterotexto Pessoano*, José Augusto Seabra.
205. *O que é uma Universidade?*, Luiz Jean Lauand.
206. *A Arte da Performance*, Jorge Glusberg.
207. *O Menino na Literatura Brasileira*, Vânia Maria Resende.
208. *Do Anti-Sionismo ao Anti-Semitismo*, Léon Poliakov.
209. *Da Arte e da Linguagem*, Alice Brill.
210. *A Linguagem da Sedução*, Ciro Marcondes Filho (org.).
211. *O Teatro Brasileiro Moderno*, Décio de Almeida Prado.
212. *Qorpo-Santo: Surrealismo ou Absurdo?*, Eudinyr Fraga.
213. *Conhecimento, Linguagem, Ideologia*, Marcelo Dascal.
214. *A Voragem do Olhar*, Regina Lúcia Pontieri.
215. *Notas para uma Definição de Cultura*, T. S. Eliot.
216. *Guimarães Rosa: as Paragens Mágicas*, Irene J. Gilberto Simões.
217. *A Música Hoje 2*, Pierre Boulez.
218. *Borges & Guimarães*, Vera Mascarenhas de Campos.
219. *Performance como Linguagem*, Renato Cohen.
220. *Walter Benjamin – a História de uma Amizade*, Gershon Scholem.
221. *A Linguagem Liberada*, Kathrin Holzermayr Rosenfeld.
222. *Colômbia Espelho América*, Edvaldo Pereira Lima.

223. *Tutaméia: Engenho e Arte*, Vera Novis.
224. *Por que Arte?*, Gregory Battcock.
225. *Escritura Urbana*, Eduardo de Oliveira Elias.
226. *Analogia do Dissimilar*, Irene A. Machado.
227. *Jazz ao Vivo*, Carlos Calado.
228. *O Poético: Magia e Iluminação*, Álvaro Cardoso Gomes.
229. *Dewey: Filosofia e Experiência Democrática*, Maria Nazaré de Camargo Pacheco Amaral.
230. *Grupo Macunaíma: Carnavalização e Mito*, David George.
231. *O Bom Fim do Shtetl: Moacyr Scliar*, Gilda Salem Szklo.
232. *Aldo Bonadei: o Percurso de um Pintor*, Lisbeth Rebollo Gonçalves.
233. *O Bildungsroman Feminino: Quatro Exemplos Brasileiros*, Cristina Ferreira Pinto.
234. *Romantismo e Messianismo*, Michel Löwy.
235. *Do Simbólico ao Virtual*, Jorge Lucio de Campos.
236. *O Jazz como Espetáculo*, Carlos Calado.
237. *Arte e seu Tempo*, Sheila Leirner.
238. *O Super-Homem de Massa*, Umberto Eco.
239. *Artigos Musicais*, Livio Tragtenberg.
240. *Borges e a Cabala*, Saúl Sosnowski.
241. *Bunraku: um Teatro de Bonecos*, Sakae M. Giroux e Tae Suzuki.
242. *De Berlim a Jerusalém*, Gershom Scholem.
243. *Os Arquivos Imperfeitos*, Fausto Colombo.
244. *No Reino da Desigualdade*, Maria Lúcia de Souza B. Pupo.
245. *Comics da Imigração na América*, John J. Appel e Selma Appel.
246. *A Arte do Ator*, Richard Boleslavski.
247. *Metalinguagem & Outras Metas*, Haroldo de Campos.
248. *Um Vôo Brechtiano*, Ingrid Dormien Koudela (org.).
249. *Correspondência*, Walter Benjamin e Gershom Scholem.
250. *A Ironia e o Irônico*, D. C. Muecke.
251. *Autoritarismo e Eros*, Vilma Figueiredo.
252. *Ensaios*, Alan Dundes.
253. *Caymmi: Uma Utopia de Lugar*, Antonio Risério.
254. *Texto/Contexto II*, Anatol Rosenfeld.
255. *História da Literatura Alemã*, Anatol Rosenfeld.
256. *Prismas do Teatro*, Anatol Rosenfeld.
257. *Letras Germânicas*, Anatol Rosenfeld.
258. *Negro, Macumba e Futebol*, Anatol Rosenfeld.
259. *Thomas Mann*, Anatol Rosenfeld.
260. *Letras e Leituras*, Anatol Rosenfeld.
261. *Teatro de Anchieta a Alencar*, Décio de Almeida Prado.
262. *Um Jato na Contramão: Buñuel no México*, Eduardo Peñuela Cañizal (org.).
263. *Com Toda Liberdade*, Isaiah Berlin.
264. *Indústria Cultural: A Agonia de um Conceito*, Paulo Puterman.
265. *O Golem, Benjamin, Buber e Outros Justos: Judaica I*, Gershom Scholem.
266. *O Nome de Deus, a Teoria da Linguagem, e Outros Estudos de Cabala e Mística: Judaica II*, Gershom Scholem.
267. *A Cena em Sombras*, Leda Maria Martins.
268. *Darius Milhaud: Em Pauta*, Claude Rostand
269. *O Guardador de Signos*, Rinaldo Gama
270. *Mito*, K. K. Ruthven

IMPRESSÃO:
BARTIRA GRÁFICA E EDITORA S/A
(011) 458 - 0255